中电联电力发展研究院

JIANPUZHAI DIANLI GONGCHENG
ZAOJIA GUANLI YANJIU

柬埔寨电力工程
造价管理研究

主　编　董士波
副主编　肖　谦　游维扬

中国电力出版社
CHINA ELECTRIC POWER PRESS

内 容 提 要

为了解和掌握国外典型工程造价管理方法及国际惯例，准确把握国际工程造价管理的发展方向和趋势，推动电力企业“走出去”，中电联电力发展研究院组织相关专家编写了本书。

本书结合柬埔寨电力工业发展基础，全面介绍了投资环境分析、电力系统发展现状与工程建设市场、相关法律法规与政策、工程计价方法、电力工程投资分析等内容。

本书可供电力工程建设行业及政府部门、行业协会和企业的领导，以及业主、承包商、监理单位、设计单位和第三方咨询机构等相关专业人士使用，并可作为全国电力工程造价管理、工程管理以及项目管理等专业博士、硕士研究生的参考图书。

图书在版编目（CIP）数据

柬埔寨电力工程造价管理研究 / 董士波主编．—北京：中国电力出版社，2020.10
ISBN 978-7-5198-5063-0

Ⅰ. ①柬…　Ⅱ. ①董…　Ⅲ. ①电力工程–工程造价–研究–柬埔寨　Ⅳ. ①F433.566

中国版本图书馆 CIP 数据核字（2020）第 194958 号

出版发行：中国电力出版社
地　　址：北京市东城区北京站西街 19 号（邮政编码 100005）
网　　址：http://www.cepp.sgcc.com.cn
责任编辑：张　瑶（010-63412503）
责任校对：黄　蓓　马　宁
装帧设计：张俊霞
责任印制：石　雷

印　　刷：三河市百盛印装有限公司
版　　次：2020 年 10 月第一版
印　　次：2020 年 10 月北京第一次印刷
开　　本：787 毫米×1092 毫米　16 开本
印　　张：6.25
字　　数：87 千字
印　　数：0001—1500 册
定　　价：25.00 元

本书编审人员

主　　编　董士波

副 主 编　肖　谦　游维扬

主　　审　杨小勇　刘福炎　谷志红　韩　超
　　　　　高亚静

参编人员　乔慧婷　刘禹含　符国晖　刘晓军
　　　　　陈　韬　朱云祥

前言

改革开放以来，电力行业大力实施“走出去”国际发展战略，深化落实“一带一路”倡议，积极进行国际电力投资和工程项目承包，国际合作规模不断扩大。随着电力投资、服务、装备、技术、标准“走出去”持续升温，我国电力企业拓展海外业务步伐持续加大，以电力工程建设为引领，投资范围涵盖水电、火电、核电、风电、太阳能发电以及输变电等领域的电力规划、建设、运营等全产业链。在此过程中，积极研究项目所在国电力工程造价管理体系及标准等，提出投资风险应对策略，将为海外电力工程项目顺利实施提供保障，为持续推动电力企业国际化发展提供有力支撑。同时，也可助力我国电力企业更好地了解国外典型工程造价管理方法及国际惯例，准确把握国际工程造价管理的发展方向和趋势。

中柬关系长期稳定、世代友好。柬埔寨作为“一带一路”经济走廊在东南亚地区的战略支点，已经成为中国企业海外投资和承揽工程项目的重要目的地之一。本书结合柬埔寨电力工业发展基础，根据在柬埔寨投资建设电力工程的基本情况编写而成。全书共分 5 章，主要包括投资环境分析、电力系统发展现状与工程建设市场、相关法律法规与政策、工程计价方法、电力工程投资分析。

在本书编写过程中，查阅和检索了大量与柬埔寨电力工程造价管理相关的信息和资料，从内容到形式都进行了反复的调查和研究，力求以严谨的态度、翔实的数据和真实的案例，介绍柬埔寨电力工程造价管理及相关情况。

本书可供从事海外电力工程项目投资决策与工程造价管理的相关企业及人员参考和借鉴。希望本书能够成为中国企业了解海外电力市场和工程造价管理的窗口，同时期待业界同仁和广大读者多提出宝贵意见和建议，为提升我国电力企业“走出去”的能力和水平发挥更大的作用。

中电联电力发展研究院编写组

2019 年 12 月于北京

目录

第一章 投资环境分析

柬埔寨王国（The Kingdom of Cambodia；柬埔寨），旧称“高棉”，首都金边。伴随柬埔寨经济的快速发展，投资环境不断得到改善，在地理区位、自然资源、社会文化以及政策制度等方面具有明显的优势。本章简要介绍柬埔寨的地理环境、社会文化环境和经济建设环境，本章的整体结构如图 1–1 所示。

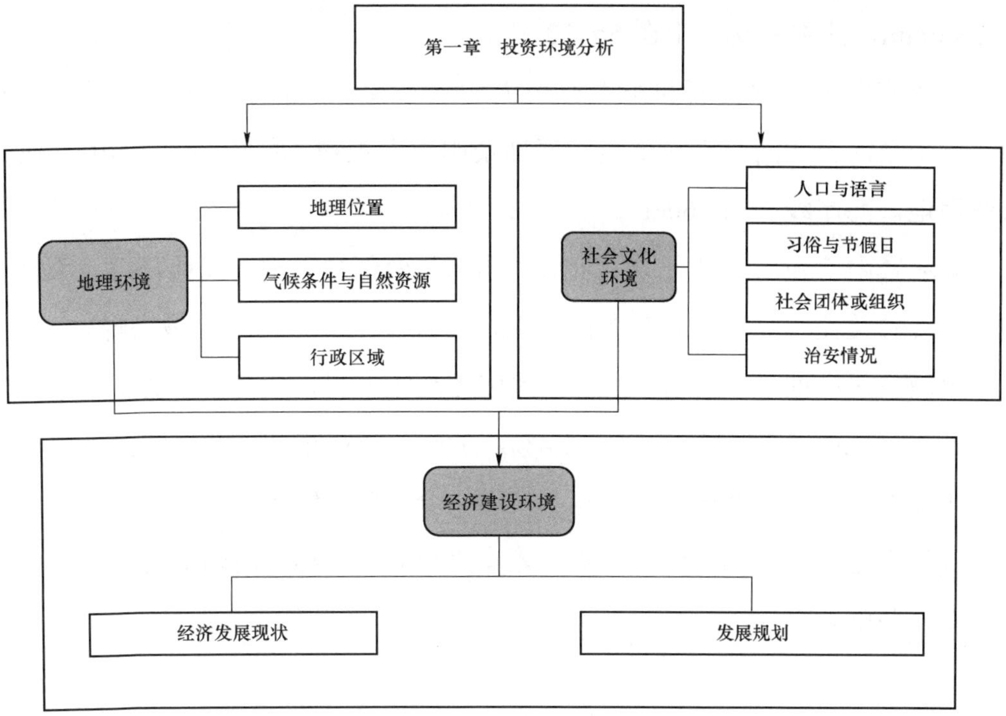

图 1–1　本章结构

第一节 地 理 环 境

一、地理位置

柬埔寨地处东南亚中南半岛南部，西部及西北部与泰国接壤，东北部与老挝交界，东部及东南部与越南毗邻。南部则面向泰国湾。首都金边市属于东7时区，当地时间比北京时间晚1h。

二、气候条件与自然资源

柬埔寨全国最南端至西边区域地处热带区域，属热带季风气候，全年分两季：每年5月份到10月份为雨季，11月份到次年4月份为旱季。

柬埔寨年平均气温29～30℃，4月份最热，最高温度达40℃。年均降雨量为2000mm，其中90%集中在5～10月份。

柬埔寨境内有湄公河和东南亚最大的淡水湖——洞里萨湖（又称“金边湖”），湄公河自北向南横贯全境。柬埔寨国土面积约18万km^2，其中20%为农业用地，海岸线长约460km。

柬埔寨中部和南部是平原，东部、北部和西部被山地、高原环绕，大部分地区被森林覆盖，豆蔻山脉东段的奥拉山海拔1813m，为境内最高峰。

柬埔寨盛产柚木、铁木、紫檀、黑檀等高级木材，并有多种竹类。木材储量超过11亿m^3，森林覆盖率为61.4%，主要分布在东部、北部和西部山区。矿藏主要有石油、天然气、磷酸盐、宝石、金、铁、铝土等。水资源丰富，洞里萨湖为东南亚最大的天然淡水湖，素有“鱼湖”之称。西南沿海也是重要渔场，多产鱼虾。

三、行政区域

柬埔寨全国分为 1 个市（金边市）和 24 个省。首都金边市地处洞里萨河与湄公河交汇处，是柬埔寨的政治、经济、文化中心和交通枢纽。

第二节 社会文化环境

一、人口与语言

柬埔寨是一个多民族国家，柬埔寨人口约 1600 万，高棉族占总人口 80%，现有华人、华侨约 110 万人。华人、华侨主要分布在金边市与马德望、贡布、茶胶等省。金边市的华人、华侨最多，有 30 万人左右。柬埔寨华人、华侨祖籍主要为广东、海南、福建等省，其中以广东潮州籍人最多，约占华人、华侨总数的 80%，广肇、客家籍人次之。

柬埔寨语（又称“高棉语”）为官方语言，英语在政府部门较通用。汉语、越南语是普通市民中使用较多的外语。

二、习俗与节假日

（一）习俗

柬埔寨人以大米为主食，以鱼虾为主要副食，喜吃富有刺激性味道的蔬菜，如生辣椒、葱、姜等，还喜食生菜、生肉和腌鱼酱。

柬埔寨人的传统住房多为竹木结构的高脚式房屋，离地 2m 左右，上面住人，下面存放农具和停放车辆。

柬埔寨婚俗是男子“嫁”到女方家。婚礼的全部仪式都在女方家中进行，婚礼由村中最有声望的老者主持。

柬埔寨人注意礼节礼貌，最普通的礼节是合十礼，即双手合掌于胸前，稍微俯首，指尖的高度视对方身份而定，对国王、王室成员、僧侣还行下蹲或跪拜礼。社交场合也流行握手礼，但男女间仍以行合十礼为宜。

（二）节假日

柬埔寨的节假日很多，既有世界性的节日，又有许多柬埔寨特有的节日，还有不少柬埔寨的民间传统节日，周六、周日为法定公休日，主要节日见表 1–1。

表 1–1　　柬埔寨主要节日

序号	时间	节日名称	备注
1	1 月 1 日	元旦	
2	2 月 13 日	宝蕉节	
3	3 月 8 日	国际妇女节	
4	4 月 13～15 日	佛历新年	
5	5 月 1 日	国际劳动节	
6	5 月 12 日	佛祖升天节	
7	5 月 14 日	西哈莫尼国王诞辰日	全国庆祝三天
8	4 月底或 5 月初	御耕节	佛历六月下弦初四
9	5 月 20 日	国家纪念日	
10	6 月 1 日	国际儿童节	
11	6 月 18 日	柬埔寨国母诞辰日	
12	9 月 24 日	立宪日	
13	9 月底	亡人节	
14	10 月 23 日	巴黎协定日	
15	10 月 29 日	西哈莫尼登基日	
16	10 月 31 日	西哈努克国父诞辰日	
17	11 月 9 日	独立节	
18	11 月 13～15 日	送水节	也称龙舟节

三、社会团体或组织

柬埔寨经商界建立的社会团体或组织较多，活动频繁，主要包括柬埔寨总商会、成衣协会、旅游协会、饭店餐厅协会、柬华理事总会、柬埔寨中国港澳侨商总会、柬埔寨台商协会等。

柬埔寨华人主要经营进出口贸易、日用百货、旅游餐饮、食品加工、制衣和五金机械、房地产、建筑、木材加工、农业、渔业等。柬埔寨华人于 1990 年 11 月 20 日成立柬华理事总会，各省市华人居住较集中的地区相继成立了 18 个柬华理事分会。在金边市的华人还根据不同祖籍成立了潮州、海南、广肇、福建、客属 5 大会馆和 10 多个宗亲会。

《柬埔寨劳工法》规定，工人可在企业设立工会，工人和工会可以组织罢工活动。近年来，数十起大规模罢工事件给有关企业带来了较严重的经济损失。据柬埔寨市政厅公布，2016 年柬埔寨共处理千余起示威及罢工活动，其中纺织服装厂劳资关系矛盾尤为突出。

四、治安情况

柬埔寨政府重视维护国家安全和社会秩序，社会治安和安全形势总体良好，但抢劫和盗窃案件仍有发生。柬埔寨也存在一些安全方面的隐患，如：市区和大部分农村地区虽已排雷，但西北地区省份仍有雷区等。根据柬埔寨法律，当地居民只有获得政府颁发的合法持枪证，方可持有枪支。

第三节 经济建设环境

一、经济发展现状

柬埔寨基础设施相对薄弱，公路运输是最主要的运输方式，有 3 个国际机场。西哈努克港是柬埔寨唯一的深海港、现代化商港和免税港。

近年来，柬埔寨积极融入区域、次区域合作，重点参与区域连通计划的软硬设施建设，加大吸引投资特别是私人领域参与国家建设，“四架马车”（农业、以纺织和建筑为主导的工业、旅游业、外国直接投资）拉动经济稳步前行，经济发展呈现出稳定的发展势头。柬埔寨 2013—2018 年宏观经济数据见表 1-2。柬埔寨 2013—2018 年经济发展情况示意见图 1-2。

表 1-2　　柬埔寨 2013—2018 年宏观经济数据

年份	GDP 总额（亿美元）	GDP 增长率（%）	人均 GDP（美元）
2013	161.6	7.4	1036
2014	173.1	7.1	1122
2015	185.2	7.0	1228
2016	198.2	7.0	1300
2017	222.8	6.9	1435
2018	241.4	7.5	1500

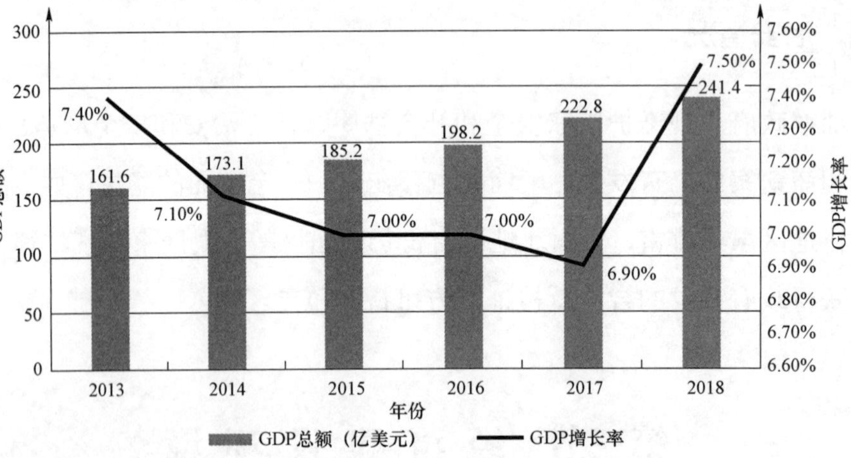

图 1-2　柬埔寨 2013—2018 年经济发展情况示意

近年来，柬埔寨经济以年均 7%以上的速度快速发展，主要得益于建筑业。不可忽略的是，从整体情况来看，柬埔寨的经济发展也面临着诸多风险，如建筑和房地产业的债务问题等。柬埔寨经济发展的整体风险正在不断增加，同时欧盟委员会将撤销柬埔寨“除武器外全部免税”（EBA）待遇程序的风险也在不断增加。

2018 年，柬埔寨全年国内生产总值（GDP）约合 241.4 亿美元，同比增长 7.5%，人均 GDP 增至 1500 美元。截至 2018 年底，柬埔寨外汇储备 95 亿美元。根据柬埔寨财经部统计，截至 2018 年底，柬埔寨政府外债累计 113.9 亿美元，主要用于交通、水利、电力、港口等基础设施建设，其中，中国累计提供贷款 46.2 亿美元，占柬埔寨外债余额 40.56%，是最大债权国；其他借款主要来源于世行、亚行、日本、韩国、法国、印度等。

二、发展规划

从 2013 年开始，柬埔寨先后发布了《四角战略第三阶段政策》《2015—2025 工业发展计划》《2016—2025 金融业发展战略》等政策，明确了未来优先发展领域，明确了未来的发展目标是：加大柬埔寨的开放力度，吸引更多外国资本入驻投资，以提高国内的经济发展。鉴于柬埔寨具备的投资优势与相关政策的支持，到柬埔寨投资设厂数量呈现不断增加的发展趋势。根据柬埔寨工业和手工业部报告显示，2019 年，柬埔寨工厂新增 268 家，较 2018 年的 178 家增长 51%。具体来看，《四角战略第三阶段政策》确定了五年四大优先发展领域：一是发展人力资源，加大对专业技术工人的培养，制定适应劳工市场的法律规章，设立职业培训中心等。二是继续投资基础设施和建设商业协调机制，加大对交通基础设施的投入，建设具有灵活性的商业协调机制，加大能源开发力度，推动互联互通。三是继续发展农业和提高农业附加值，推动大米出口、大米增值，推动畜牧业和水产养殖发展，鼓励企业投资农产品加工业，提高农业的现代化和商业化水平。四是加强国家机构的优良政策实施力度，提高公共服务效率，改善投资环境，继续推进司法体系改革，保障社会公平和国民权力；继续推进公共行政改革，强化监督机构职能；继续深入实施公共财政改革计划，确保国家预算的分配和使用；加大吸引投资力度，鼓励经济特区的实施和运作。

柬埔寨政府制定的《2015—2025 工业发展计划》主要目标是：到 2025 年，

使柬埔寨工业由劳动密集型向技术密集型转变，工业占 GDP 比重从 2013 年的 24.1%提高到 30%，其中制衣业从 15.5%提高到 20%；促进出口产品多元化，非纺织品出口比重提升至 15%，其中农产品出口比重达到 12%；实现 80%的小型企业和 95%的中型企业合法登记，五成小型企业和七成中型企业建立规范的会计账户和财务报表。重点发展高附加值新型工业、制造业，医药、建材、包装、家具制造等领域中小企业，农业加工业，农业、旅游业、纺织业上下游配套产业，以及信息、通信、能源、重工业、文化/历史/传统手工业及环保产业。2018 年前优先实施四个行动计划：一是降低工商业电力价格；二是运输物流总体规划；三是劳动力市场培训计划；四是把西哈努克省开发成为综合示范经济特区。

金融是柬埔寨政府经济与金融政策中的主要优先领域之一，在保持宏观经济稳定中起着重要作用，为长期经济增长创造便利条件。为了保持宏观经济稳定和推动经济增长，柬埔寨于 2016 年 10 月召开内阁会议通过了《2016—2025 金融业发展战略》。该战略协助推动经济可持续增长，提高居民生活水平和社会福利，满足融入地区经济和金融领域的需求。

第二章 电力系统发展现状与工程建设市场

近年来，柬埔寨经济以年均 7%以上的速度快速发展，保持了政治稳定、经济平稳快速发展的局面成为东南亚经济发展最快的国家，但电力基础设施薄弱。柬埔寨政府高度重视电力发展，明确部门职责，相继出台相关政策，制订农村电力化战略规划，加强服务质量，逐步改善电力工业落后局面。柬埔寨电力供应虽有较大改善，但依然存在季节性局部电力富余（雨季）与季节性缺电（旱季）并存、局部电力富余与部分地区严重缺电并存的局面，进口仍占较大比重，电价普遍较高。

本章主要介绍柬埔寨电力行业发展现状和电力工程建设市场，具体包括：一是电力行业发展现状，涉及管理机构、电源建设情况、电力进口情况，以及电网建设情况；二是电力工程建设市场，具体包括建设市场基本情况、柬埔寨各建设领域发展概况、柬埔寨工程承包市场相关分析、开拓工程建设市场所面临的主要问题。本章的主要架构如图 2－1 所示。

第一节 电力系统发展现状

柬埔寨从 2007 年开始推动发展电力行业发展，水电、火电项目的建设投产改善了柬埔寨的电力结构，从单一的火电、重油，发展成水、火电为主，光伏、生物质等新能源为辅的组成结构。针对柬埔寨的电力系统发展情况，本节将主要对管理机构、电源建设、电力进口，以及电网建设四个方面的情况简要介绍。

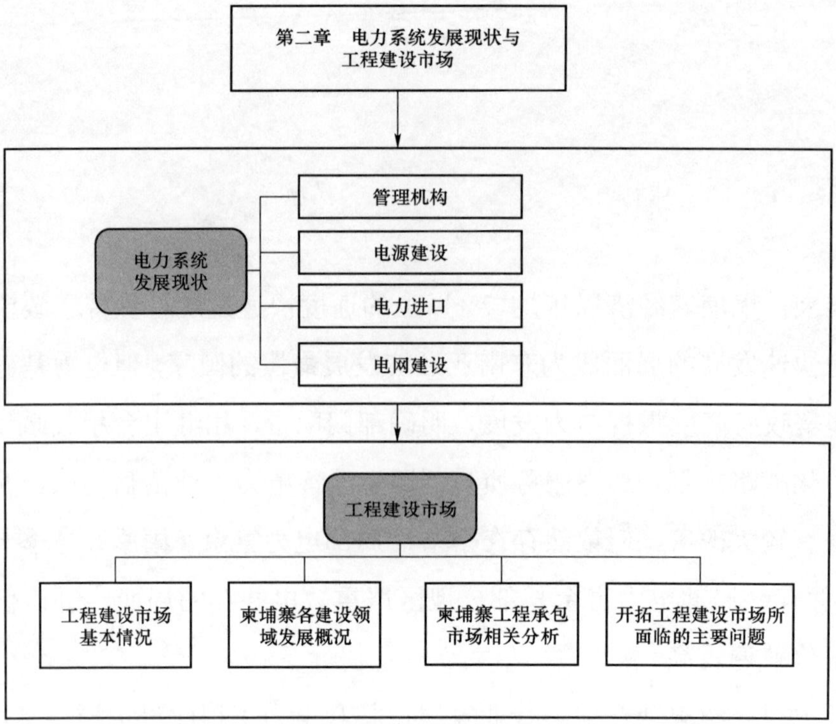

图 2－1 本章结构

一、管理机构

在柬埔寨，电力系统管理机构中主要由矿产能源部（Ministry of Mines and Energy；MME）和经济财政部（Ministry of Economy and Finance；MEF）负责电力行业建设和投资管理，由柬埔寨电力局（Electricity Authority of Cambodia；EAC）负责制定电价和颁发电力行业相关许可。柬埔寨通过组建国有柬埔寨电力公司（Electricity Du Cambodge；EDC），以市场为导向，在满足柬埔寨政府各项法律法规、许可和规则里规定的商业义务的条件下，负责柬埔寨境内的发电、送电和配电业务。

（一）矿产能源部

矿产能源部是一个负责管理和培育柬埔寨采矿业和柬埔寨能源产业的政府部门，位于金边市。矿产能源部在电力方面的职能主要是制定柬埔寨的能源政策、电力战略、电力发展规划，确定电力方面的技术、安全和环保等执行标准，对柬埔寨国内的输电网和电站开展相关调研，评估水力发电潜力，进一步开发电力项目。

（二）经济财政部

经济财政部是一个负责管理柬埔寨财政、经济政策和事务的政府部门，位于金边市。经济财政部在管理结构上分为五个等级，分别是部长、国务卿、副国务卿、秘书长和副秘书长。

经济财政部的具体职能主要包括：

（1）参与编制、实施柬埔寨政府的经济和财政金融政策，并监管这些政策的执行效果；

（2）管理、协调经济和财政金融机构的结构性改革；

（3）促进、完善经济和公共财政的行政管理；

（4）通过收取税收和编制公共开支预算；

（5）建立一个全国统一的财政金融体系，并确保金融体系法、金融法及相关法律、法规的正确执行；

（6）为管理宏观经济和财政金融，每年或持续起草法律法规草案；

（7）编制和管理国家预算；

（8）起草和实施国家预算收入政策；

（9）征收税收和非税收入，并存储到公共账户，为国家财政运营状况编制资产负债表和其他会计报表；

（10）控制和批复各部委、公共部门的经费开支，并管理公共资产；

（11）对经济发展的短期、中期和长期趋势进行分析、监视和预测，并制定措施改善经济的行政管理；

（12）参与工业和金融活动（包括保险、资本市场、债券、博彩、退休基金和其他金融储备）的发展和管理；

（13）与其他相关部委、机构合作，管理和参与政府关于国际经济和金融合作、柬埔寨经济融入东盟和世界经济的战略政策的编制和执行；

（14）参与援助工作的动员，准备向外国借贷和偿债，并跟踪和监督有关情况；

（15）管理各部委、机构、省市、国有或自治机构的公共采购交易活动；

（16）参与制定投资管理的政策，并承担监督公众融资的责任；

（17）为财经部和有关机构的官员开展定期培训工作，以提高其经济和金融技能和管理公共资产的能力。

（三）柬埔寨电力局

柬埔寨电力局成立于 2001 年，是柬埔寨负责管理电力供应的政府机构。柬埔寨《电力法》第三条分别规定了矿产能源部和柬埔寨电力局的责任，二者具体的差别见图 2-2。

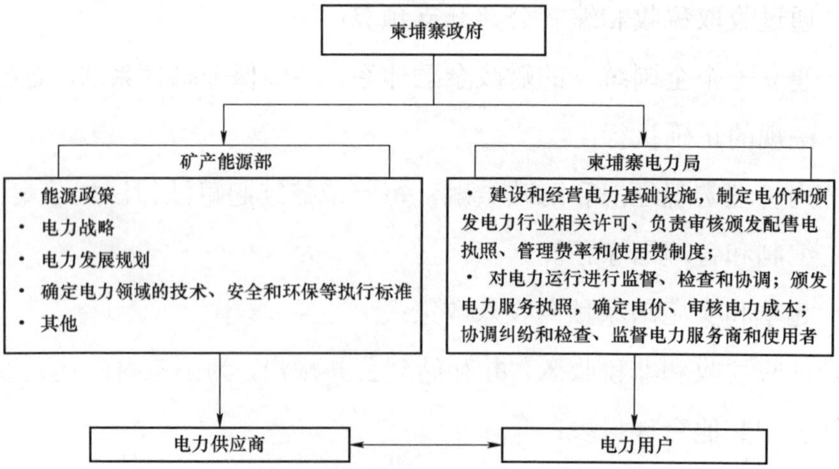

图 2-2　矿产能源部与柬埔寨电力局的责任区别

根据柬埔寨《电力法》第三条的规定，柬埔寨电力局开始运营后，柬埔寨电力部门的管理职能应分为两部分：① 主要负责建设和经营电力基础设施，制定电价和颁发电力行业相关许可、负责审核颁发配售电执照、管理费率和使用费制度，发布电力方面有关规则，监督国内电力供应商和用电户，调节经济环境的电力生产。② 根据矿产能源部制定的技术标准对电力运行进行监督、检查和协调；颁发电力服务执照，确定电价、审核电力成本；协调纠纷和检查、监督电力服务商和使用者。

柬埔寨电力局的组织架构示意见图 2–3。根据柬埔寨《电力法》的规定，柬埔寨电力局应由 3 名成员组成，并均由柬埔寨总理任命和提议，并最终由皇家签发文件进行任命。柬埔寨电力局应当设有一个秘书处进行协助相关工作，秘书处由执行董事进行领导和负责，执行董事的任命需要在和其他成员咨询协商后由柬埔寨电力局的主席进行任命。秘书处设置有 8 个部门，分别是会计财务部、关税与持证人账户监管部，发电、输电和配电部门，供应部门，消费者事务部，法律部，行政与人事部，数据和宣传部。

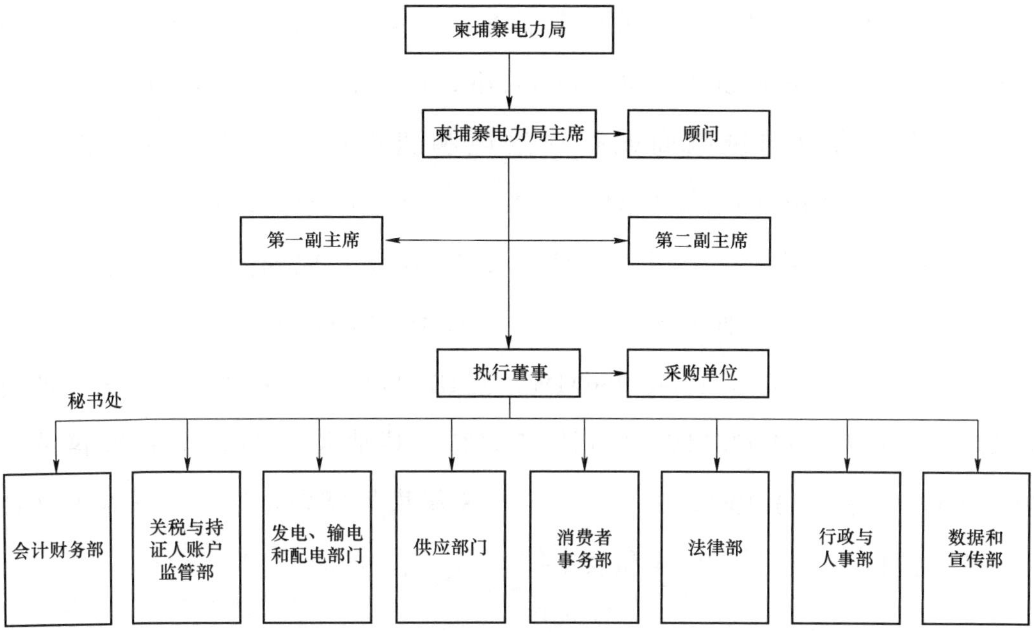

图 2–3　柬埔寨电力局的组织架构示意

（四）柬埔寨电力公司

柬埔寨政府组建了国有柬埔寨电力公司，柬埔寨电力公司是自负盈亏的国有企业，具独立法人，有独立的行政、财务和人事自主权。

柬埔寨电力公司以市场为导向，在满足柬埔寨政府各项法律法规、许可和规则里规定的商业义务的条件下，负责柬埔寨全国电力的生产、输送和分配的管理。由于国有企业背景，柬埔寨电力公司是实际上的柬埔寨电力市场职能机构。根据柬埔寨各项法律法规，柬埔寨电力局以市场为导向来独立运作发电、输电和配电业务，赚取利润并进行自身发展，同时，也需实施经董事会决定的商业计划来达成国家能源计划和国家发展计划，是个具有执行政府职能能力的商业公司。

二、电源建设

（一）按许可证类型情况

在柬埔寨有 2 类发电许可证，具体来看：第一类是具有发电许可证的独立电力生产商（Independent Power Producers；IPP）按照与供应商或行业签订的购电协议向供应商或行业发电和售电；第二类是综合许可证（Consolidated Licensees）持有人将发电许可证作为其许可证之一，通过其配电系统发电供应给消费者。截至 2018 年底，柬埔寨共有发电许可证的数量为 30 个，其中独立电力生产商拥有 19 个。按拥有发电许可证类型，IPP 的发电装机容量为 2 048 954MW，占比 93.69%；柬埔寨电力公司的发电装机容量为 111 730MW，占比 5.11%；其他类型的发电装机容量为 26 310MW，占比 1.20%，2017 年、2018 年柬埔寨发电装机容量情况（按许可证类型）分别见图 2-4 和表 2-1。

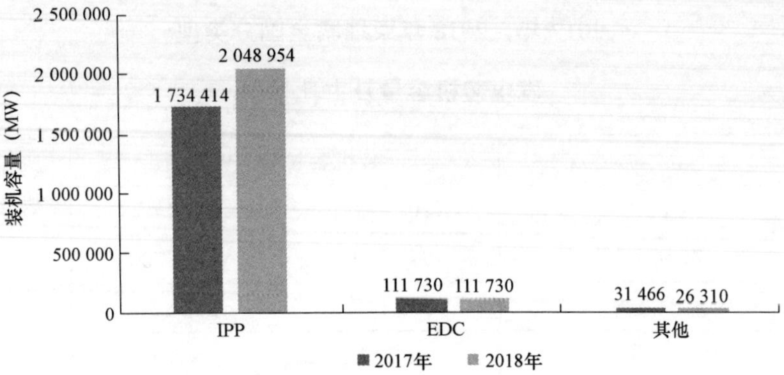

图 2-4 2017 年、2018 年柬埔寨发电装机容量情况
（按许可证类型）

表 2-1 2017 年、2018 年柬埔寨发电装机容量情况（按许可证类型）

序号	指标	许可证数量		装机容量（kW）		2018 年装机容量占比（%）
		2017 年	2018 年	2017 年	2018 年	
1	IPP	21	19	1 734 414	2 048 954	93.69
2	EDC	1	1	111 730	111 730	5.11
3	其他	19	10	31 466	26 310	1.20
总计		41	30	1 877 610	2 186 994	100

（二）按生产类型分类情况

柬埔寨发电按照生产类型可大致分为 5 类，分别是：水力发电、燃油发电、生物质发电、燃煤发电、太阳能发电。截至 2018 年底，柬埔寨装机总容量达到 2 186 994MW，其中：水力发电装机容量 1 329 700MW，占比 60.80%；燃油发电装机容量 266 824MW，占比 12.20%；生物质发电装机容量 29 270MW，占比 1.34%；燃煤发电装机容量 551 200MW，占比 25.20%；太阳能发电装机容量 10 000MW，占比 0.46%。2017 年、2018 年柬埔寨全国分类型发电装机容量及占比情况见表 2-2。2017 年、2018 年柬埔寨全国分类型发电装机容量如图 2-5 所示。

表 2-2　　2017 年、2018 年柬埔寨全国分类型发电装机容量及占比情况

序号	类型	装机容量（MW）		2018 年装机容量占比（%）
		2017 年	2018 年	
1	水力发电	979 700	1 329 700	60.80
2	燃油发电	295 140	266 824	12.20
3	生物质发电	28 570	29 270	1.34
4	燃煤发电	564 200	551 200	25.20
5	太阳能发电	10 000	10 000	0.46
总计		1 877 610	2 186 994	100

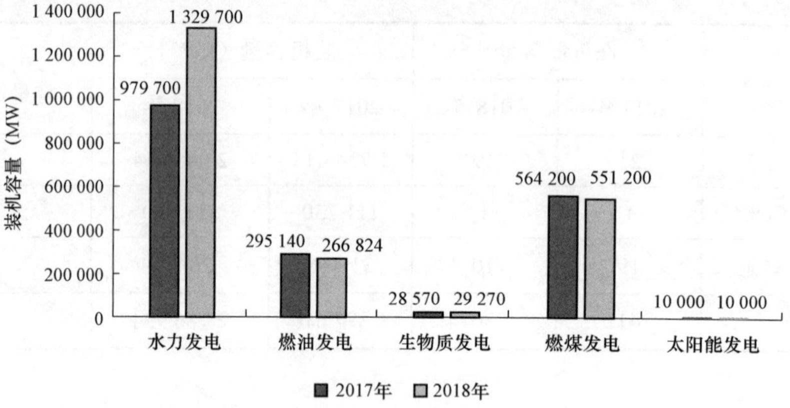

图 2-5　2017 年、2018 年柬埔寨全国分类型发电装机容量

三、电力进口

在电力进口方面，柬埔寨主要从泰国、越南和老挝进口电力。具体来看，从越南进口的电压为 22kV，通过越南—茶胶—金边市的 230kV 线路，最终使得电压等级达到 230kV。此外，从泰国进口的电力电压为 115kV，通过泰国—班泰—梅奇—马德望和暹粒线路。老挝向柏威夏省的进口电压为 22kV，2017 年已经升级至 115kV。截至 2019 年底，柬埔寨从泰国、越南以及老挝共计进口电力 626.75MW，比 2018 年增加 178.25MW。由于电源结构不合理，在今后相当长一段时间内仍需继续从邻国进口电力，以解决柬埔寨国内电力供应季节性

（旱季）不足问题。根据柬埔寨电力局规划，2020 年柬埔寨将从上述国家进口的电力达到 1021.75MW，比 2018 年增加一倍。2018 年、2019 年柬埔寨的电力进口情况与 2020 年规划见表 2-3。2018 年、2019 年柬埔寨电力进口情况见图 2-6。

表 2-3　2018 年、2019 年柬埔寨电力进口情况与 2020 年规划

序号	国家	进口电力（MW）		
		2018 年	2019 年	2020 年规划
1	泰国	135.50	227.30	277.30
2	越南	277.00	323.45	323.45
3	老挝	36.00	76.00	421.00
总计		448.50	626.75	1021.75

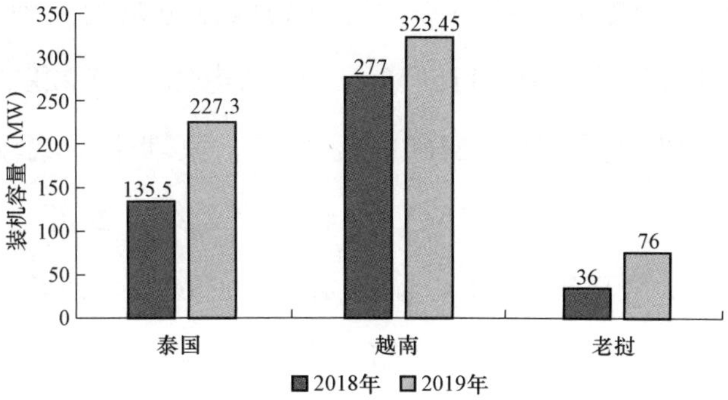

图 2-6　柬埔寨电力进口情况

四、电网建设

柬埔寨电力工业基础薄弱，电网建设较为滞后，电网布局较为分散，电网容量较小，网架结构非常薄弱，发生故障时各地电网无法进行相互支援，电源端与负荷端不匹配，现有电网输电通道能力有限，大部分地区缺电与局部地区电力富余两种对立问题共存。在柬埔寨，由所有高压线路和相连电网的变电站所组成的高压电网系统被称为“国家电网”。柬埔寨国家电网由高压输电线路、变电站和调度中心三个主要部分构成。除了柬埔寨的发电厂外，柬埔寨国家电网还从越南获得 230kV 的电力供应，从泰国获得 115kV 的电力供应。2017 年，国家电网通过 230kV 双回线路延伸至 Kratie 变电站、Steung Treng 变电站和 Lower Sesan 2 水电站。2017 年，老挝边境至柏威夏（Preah Vihear）变电站的 115kV 单回线路也投入使用。由于越南供应的电力无法与泰国或老挝供应的电力同时运行，因此系统不能同时运行。许多地区在一年中的不同时间单位分别接受来自越南或泰国的电力供应。

多年来，柬埔寨政府侧重于 115kV 输电网建设，据此形成了以电力来源为基础的局域输变电网，即国家电网多点布置的态势。国外高压输电线入境后，通过与之连接的 115kV 输电网络将电力输往邻近各省。自 2005 年，在国外企业帮助下，柬埔寨政府开始进行 230kV 电网线路建设，其中，柬埔寨南部和西部地区的负荷中心已通过 230kV 线路联网，2017 年与东北地区实现联网。截至 2016 年，柬埔寨 13 个主要负荷中心已通过高压输电系统实现互联。

柬埔寨主网电压等级 230、115kV，配电网电压等级 22kV。截至目前，柬埔寨 115～230kV 线路总长度约 2267km。目前，柬埔寨局域输电网络主要有 6 个：南部连接越南电力系统的 115kV 压输电网系统、西部与泰国连接 115kV 转输电网系统、西哈努克省 115kV 输电系统、磅湛省 115kV 输电网系统、班迭棉吉省国家电网系统、与老挝连接的上丁省 115kV 输电系统。柬埔寨目前的电力供应主要限于首都金边市和其他大城市及主要省城。60%的城镇用户可得到电力供应，大部分农村地区仍处在无电力供应的状况，且电力供应质量不稳定，供电可靠性差，无法保证 24h 供电，电力供电价格远高于国际标准。

第二节 工程建设市场

一、工程建设市场基本情况

近年来，柬埔寨在能源基础设施建设方面取得了重大进展，但整体水平仍落后于其他国家。随着中国—东盟自由贸易区框架内的“澜沧江—湄公河”次区域经济合作的进一步展开，中国一举成为柬埔寨最大的投资来源国。

根据中国商务部的统计数据，2018 年，中国企业在柬埔寨新签承包工程合同 114 份，新签合同额 28.81 亿美元，完成营业额 18.01 亿美元，累计派出各类劳务人员 3931 人，年末在柬埔寨劳务人员 6593 人。同时，日本、泰国及韩国等国家的资本也相继进入柬埔寨基础设施建设，加速了柬埔寨基础设施建设进程。值得一提的是，柬埔寨政府推行的“电力优先”战略取得了明显成效，利用外资实现了电力行业的跨越式发展。

2014—2018 年中国在柬埔寨经济合作情况见表 2–4。

表 2–4　　2014—2018 年中国在柬埔寨经济合作情况

年份	对外承包工程		对外劳务合作	
	合同额（万美元）	营业额（万美元）	当年派出人数（人）	年末在外人数（人）
2014	141 059	96 533	4872	7108
2015	141 819	121 396	4546	7884
2016	213 348	165 598	3871	6744
2017	330 058	176 373	2604	5877
2018	288 064	180 102	3931	6593

注：承包工程统计中含设计咨询合作。

在电力工程领域，柬埔寨所有水电站均由中国企业投资或控股投资建设；中资企业投资建设的水电、火电项目的发电量约占柬埔寨全国发电量的 80%；中资企业已建成的高压输电线路占柬埔寨高压输电线路总长的 35%，已建成的农村电网约占柬埔寨农村电网总长的 25%。在道路建设等领域，中资企业利用中国政府提供的援助及优惠贷款，为柬埔寨修筑公路 2600km、桥梁 6.81km；累计支持柬埔寨水利项目 14 个、灌溉面积 43.22 万 hm^2。

2017 年，48 家中国工程承包企业在柬埔寨共签署 98 个工程承包类项目，新签合同总金额达 33.01 亿美元，见表 2–6。与 2016 年度相比，新签合同额同比增长 54.7%。2017 年度，中资企业在柬埔寨完成工程承包营业额为 17.64 亿美元，同比增长 6.5%。2013—2017 年度中资企业在柬埔寨工程承包新签及完成合同额数据统计情况见表2-5和图2-7。

表2-5　　2013—2017年度中资企业在柬埔寨工程承包新签及完成合同额数据统计情况

指标	年份				
	2013年	2014年	2015年	2016年	2017年
新签合同额（亿美元）	11.09	14.11	14.18	21.33	33.01
完成营业额（亿美元）	14.31	9.65	12.14	16.56	17.64
新签合同额增长率（%）	-62.50	27.20	0.50	50.40	54.70
完成营业额增长率（%）		-32.50	25.80	36.40	6.50

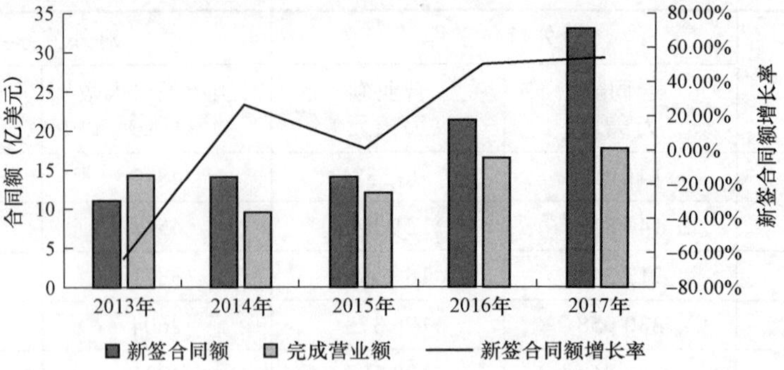

图2-7　2013—2017年度中资企业在柬埔寨工程承包新签及完成合同额数据统计情况

房屋建设领域、交通运输领域及电力工程领域是中资企业在柬埔寨工程承包参与的主要领域，尤其是房屋建设领域新签合同额13.72亿美元，完成营业额7.14亿美元，占比均达本年度总额的40%以上。房屋建设领域的大份额占比主要与柬埔寨近年来火热的房地产市场相关。由政府部门主管的交通建设领域及电力工程领域新签合同额及完成营业额也在稳步上涨。在基础设施投资方面，柬埔寨已成为东盟十国中最具吸引力的目的地。2012—2016年，柬埔寨平均每年获得14亿美元的外国优惠贷款，其中基础设施建设融资占据了相当大的比重，建设投资五年增长67%。2017年度，分板块中资企业在柬埔寨工程承包新签及完成合同额情况。

二、柬埔寨各建设领域发展概况

（一）房屋建设领域

近年来柬埔寨房地产行业蓬勃发展，具体原因主要包括三方面：一是柬埔寨国家政权稳定，经济快速增长，外商投资踊跃；二是人口年轻化，人口红利巨大；三是永久产权，税负极低，房产以美元计价，资产保值。2010 年，柬埔寨通过《外国人持有产权法案》，开放外国人买卖不动产，只要年满 18 岁，凭护照就可以自由买卖二楼以上的集合式住宅、公寓大楼，并拥有永久居住权，而且没有遗产税。

（二）交通建设领域

柬埔寨政府把改善国家主要道路作为重点，同时修建连接道路和环形道路，加强农村和城市地区的土地连通性。2017 年，中资企业在柬埔寨交通运输领域新签合同额共计 4.92 亿美元，其中公路桥梁占比达 88.4%。在 2012—2016 年期间，柬埔寨的承诺投资总额达到了 201 亿美元。

（三）电力工程领域

电力工程是柬埔寨政府优先发展的重点领域之一。在柬埔寨国家电力发展中，电网建设显得尤为迫切。一方面，水电企业雨季无奈弃水、火电企业机组闲置均造成损失和浪费；另一方面，部分地区由于电网建设滞后面临无电可用的尴尬状况。目前，柬埔寨电力供应无法满足本国基本电力需求，由于输电线路特别是农村电网普及率较低，在柬埔寨大部分城市和农村地区，电力供应质量仍不稳定，无法保证 24h 供电。柬埔寨供电价格远高于国际标准，大部分居民未能享受稳定、低廉的供电。

三、柬埔寨工程承包市场相关分析

（一）市场准入情况分析

柬埔寨国际工程承包市场的进入门槛较低，一方面因为柬埔寨政治环境稳定之后，需要大力发展经济；另一方面，由于柬埔寨市场技术水平较低，众多基础设施项目所要求的技术含量不高，没有所谓的垄断核心技术。不可忽视的是，由于柬埔寨当地的文化和历史方面原因，政府公职人员腐败程度较高，承包商在进入柬埔寨之后尤其要注意处理好与当地政府之间的关系。此外，柬埔寨湿热的气候环境，流行性疾病多发。

（二）市场竞争情况分析

泰国、日本以及韩国等国家的工程承包商要比中国工程承包商更早进入柬埔寨国家的工程承包市场。现如今，随着柬埔寨不断地加大在基础设施建设方面投资力度，许多国家的国际工程承包商也凭借其优秀的融资能力开始进入柬埔寨市场，占据着越来越多的市场份额。随着近些年来柬埔寨本国工程承包力量的崛起，在招投标过程中，柬埔寨地方政府进行“暗箱”操作，出现许多的违规现象。为了保护本国工程承包商，柬埔寨地方政府通常会通过行政或者经济手段为当地的承包商竞得项目，向柬埔寨本国的工程企业以政策倾斜，或对国外承包商设置障碍以保护当地的企业。

随着柬埔寨投资力度的加大，工程承包市场的竞争也越来越激烈，由此导致各中资企业之间压价、恶性竞争现象频现。不计成本的低价报价，使得原本利润就比较低的中资工程企业亏损经营，破坏了市场的良性发展。相比较而言，日韩公司更团结，同一个国家的企业相互之间很少出现相互压价的现象。

（三）资源供应情况分析

柬埔寨市场上工程承包商素质高低不一，竞争较为激烈。柬埔寨建筑工程所用的大宗材料如水泥、沥青、柴油、钢筋等都需要从柬埔寨周边的越南、泰国、老挝及中国等国家进口而来。柬埔寨当地的供应商所进口的各种工程材料的数量基本虽然能满足各类项目的施工需要，但由于路途遥远、运输费用高。柬埔寨地理位置处在平原，建筑工程所需要的砂石资源还很缺乏。柬埔寨当地劳动力相对资源丰富且廉价，2018 年柬埔寨劳工部正式公布 2019 年工人底薪为 177 美元，洪森总理在此基础上增加了 5 美元。2019 年工人底薪正式涨至 182 美元，较 2018 年工人底薪涨了 12 美元。该最低工资标准自 2019 年 1 月 1 日起实施。根据柬埔寨《最低工资法》，支付工人薪资低于最低工资规定的雇主，将被罚款 2000 万柬币（约合 5000 美元），同时必须向工人补偿少付的工资。自 2000 年起，柬埔寨王国政府成立三方（政府方、资方和劳方）谈判机制，商谈工人基本薪资，至 2019 年工人已调薪 14 次，从最初每月 30 美元增至 2019 年的 182 美元。当前，柬埔寨普通工人工资一般为 150～250 美元/月，技术工人工资 300～400 美元/月。

在政府主导的许多援助项目当中，业主基本上是柬埔寨政府，主权信用评级尚可、资金信誉较好，但也有存在柬埔寨政府部门办事效率比较低的情况，如：在某些配套措施方面，征地拆迁工作拖拉，造成承包商工程进度进展缓慢，甚至有时会因而停滞，给承包商带来一定的风险。

四、开拓工程建设市场所面临的主要问题

在柬埔寨开拓工程建设市场充满机遇与挑战。近年来，柬埔寨大力发展经济，在各个领域不断投资建设，工程建设市场蓬勃发展。但不可忽略的是，柬埔寨在法律法规建设、社会治安管理，以及在非政府组织的影响下还存在一系列问题。具体来看：在法律法规建设层面，柬埔寨当地法律尚不完善，企业经营活动中常遇到无法可依或有法不依的情况，此外柬埔寨税法等现有政策执行不够透明、弹性较大，整体环境造成各家企业积累下来的税务风险较大。在工程项目建设期间，由于社会治安问题，偷窃行为不断发生，影响工程项目进度和质量管控工作。另外，一些非政府组织出于其自身相关利益的考量，对柬埔寨政府支持和批准的建设项目进行阻碍，甚至组织当地民众进行抵制和抗议，严重耽误项目进行。

第三章 相关法律法规与政策

本章主要对柬埔寨与能源电力投资、工程建设管理相关的法律法规与政策进行全面的梳理，主要包括四方面内容：一是梳理分析柬埔寨投资与贸易法律制度；二是从基本法律制度、电力工程建设相关法律制度、工程承包法律制度对柬埔寨工程建设相关法律法规进行梳理；三是从劳务政策、利润税与工资税梳理工程建设的政策环境；四是简单介绍了相关标准化管理情况。本章的结构如图 3-1 所示。

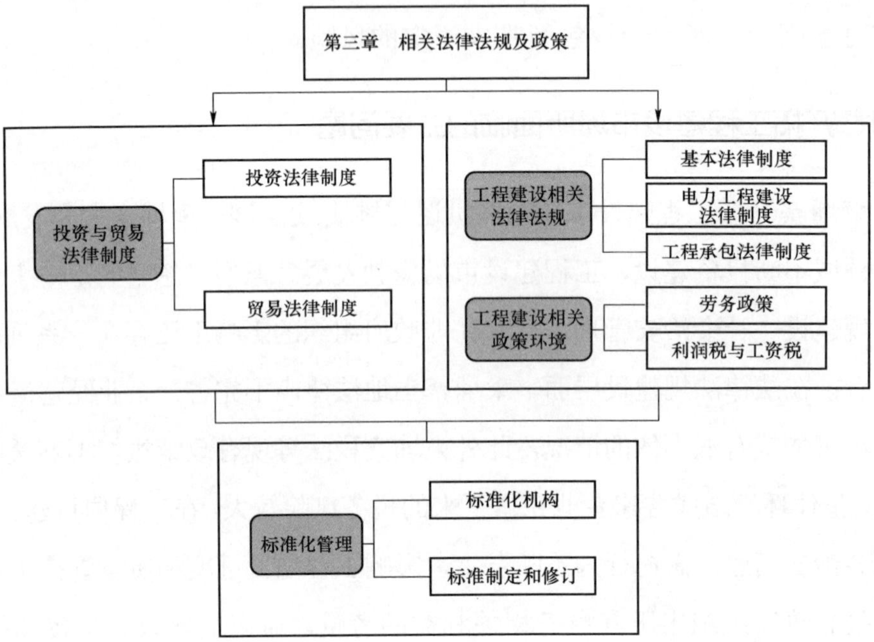

图 3-1 本章结构

第一节 投资与贸易法律制度

一、投资法律制度

（一）投资监管部门

柬埔寨发展理事会（Council for the Development of Cambodia；CDC）是柬埔寨唯一负责投资和重建工程的政府机构。柬埔寨发展理事会由首相担任理事会主席，成员是各政府机构的高级部长，旨在为柬埔寨的国外和本国投资者提供一站式服务，即评估和监督柬埔寨的任何合格投资项目任何特别经济区的所有的申请及其合规性。

如果投资者想要建立一个普通企业（不从事受管控领域、不获得投资激励），投资者就无须获得柬埔寨发展理事会的批准，而是可通过商务部开始建立相关业务活动的程序。某些类型的项目，例如至少 5000 万美元资本投资的大型项目、大型基础设施项目、勘探和开采矿产和其他自然资源的项目，在经过柬埔寨发展理事会第一轮审批后，还需要得到内阁办公厅的批准。内阁办公厅由政府的所有部长和首相组成。

柬埔寨 24 个省和首都金边市都设有投资小组委员会，每个投资小组委员会主席都由该区域首长担任。投资小组委员会有权审批注册投资资本低于 200 万美元的合格投资项目。但是，为了从合格投资项目中充分盈利，所投资项目应向柬埔寨发展理事会而不是向投资小组委员会申请。因此，在实际操作中，通常建议向柬埔寨发展理事会申请。

（二）柬埔寨投资行业的法律法规

1994 年 8 月 5 日颁布的《柬埔寨王国投资法》和 2003 年 3 月 24 日颁布的

《柬埔寨王国投资法之修正案》（两者统称为《投资法》）是促进和管制柬埔寨投资的主要法律。该法创造了非常开放的投资环境，对外国投资的限制很少。《投资法》通过两个主要途径来激励投资：合格投资项目和特别经济区。2005年9月27日颁布的第111号《关于柬埔寨王国投资法修正案的实施法令》配备一份附件，列出了禁止类投资活动以及允许开展但无激励类投资活动。禁止类的投资活动例如生产麻醉品和生产影响公众健康和环境的有毒化学品或农药。允许开展但无激励类的投资活动包括银行和金融、餐馆、专业服务、旅游服务和商业活动。较小规模的农业、畜牧业和木材生产无法获得投资激励，但这些领域的大型项目则可能符合获得投资激励的资格。

2005年12月29日颁布的第148号《关于特别经济区设立和管理的法令》和2006年3月14日颁布的第28号《关于特别经济区设立和管理的法令修正案》涵盖了在柬埔寨建立和管理特别经济区的各个方面。除了制定建立和管理特别经济区的法律框架外，该法还概述了开发特别经济区以及投资在特别经济区经营的企业可享受到的税收和非税收激励。

（三）投资形式

1. 合格投资项目

合格投资项目是一种在柬埔寨发展理事会注册的投资项目，有权享受《投资法》规定的投资激励和优惠。《投资法》下的具体保证包括任何合格投资项目都不会被国有化，也不会受到对所提供商品或服务的价格管控。合格投资项目的投资者可以自由汇出外汇。

合格投资项目分为三类：

第一类：国内项目，不以出口为目标，而着眼于当地消费。该项目可以为其非出口产品进口免税的建筑材料和生产设备。

第二类：出口项目，至少部分产品用于出口。该项目可以进口与出口产品相关的免税的建筑材料、生产设备和其他生产性进口。

第三类：扶持产业项目，将其 100%的产品提供给出口项目，以代替出口项目定期进口的原材料或配件。

除了进出口关税的豁免外，合格投资项目还将获得税收利润奖励税，包括免交至少 3 年的利润税。此外，这些项目中作为管理人员、技术员和技术工人的外国雇员还可获得签证和工作许可证。

2. 特别经济区

柬埔寨政府设置特别经济区的目的是将工业和相关活动集中在一个区域。每个特别经济区应设有一个生产区，可设自由贸易区、服务区、住宅区和旅游区。特别经济区可包括一般工业活动或出口加工活动。每个特别经济区的最终登记证书对其激励措施进行描述，投资激励措施须向区域开发商和区域投资者提供。区域开发商是开发特别经济区包括开发其实体基础设施的自然人或法人。区域投资者是在特别经济区运营、从事投资活动的自然人或法人。类似于特别经济区外的合格投资项目，特别经济区可以免除建筑材料、生产设备和其他生产性进口的关税，也可以为区域投资者提供利润税和增值税税收激励。

二、贸易法律制度

（一）跨境贸易管理制度

为了更好地了解当地政治、经济、文化等环境，工程或材料设备供应商通常会在柬埔寨设置办事处或分公司来收集当地信息。

1. 设立办事处的相关规定

许多外国供应商在柬埔寨设立办事处或分支机构。

（1） 办事处。

1）办事处不得直接从事商业活动，如签订商务合同。办事处履行许多与销售代理一样的职责。国外供应商均在柬埔寨境外签订供货合同。

2）办事处必须在柬埔寨商务部进行注册，获得其颁发的营业执照。营业执照是可以更新的，第一次颁发的营业执照有效期为5年。

3）办事处需要在经济财政部进行税务注册，从提交完整申请材料之日起，通常需要花费3～4个月时间。

（2）分支机构。

分支机构虽然是非独立的法律实体，但却可以从事谈判、营销活动或为其外国公司提供商业支持。许多外国公司都认为在柬埔寨设立分支机构是最好的选择。与办事处相同，外国公司的分支机构需要在商务部进行注册，须在经济财政部进行税务注册。

2. 子公司设立及审批程序

外国公司也可以在柬埔寨设立一个全资的子公司来从事销售活动和售后服务。这个实体可以从境外母公司或关联公司购买产品，然后转卖给柬埔寨的终端客户。通过设立子公司，可以取代原有的当地销售代理和经销商，或者也可以给他们提供一定的在场支持。

设立子公司的主要程序如下：

（1）注册申请。

外国公司的一位董事或股东应亲自前往柬埔寨商务部填写注册登记表，提出申请。柬埔寨商务部商业注册局可为注册者提供公司章程蓝本。注册应提交的文件包括：注册登记申请表、公司章程、文件属实证明、在指定刊物上发布广告的申请、全部董事或股东的身份证或护照复印件和照片、董事无犯罪记录证明、股权分配决定（如有自然人参与）、办公地点以及其他商务部要求的文件。

（2）注册审批。

柬埔寨商务部商业注册局受理注册申请后，颁发标有注册号的注册证书。该证书自颁发之日起1个月内为临时证书，在此期间，登记员发现申报材料有误的，可提出提议并吊销注册号。注册审批时间视情况而定，一般为1周。注册费用视公司的形式和规模而定。

（二）贸易监管制度

1. 贸易监管的部门

柬埔寨商务部为柬埔寨贸易主管部门，负责国对国内外贸易活动进行全面监督。根据 2014 年 3 月 19 日第 131 号《关于商务部机构与职责的法令》，商务部负责以下工作：贸易政策发展、维持商品的市场价格及市场干预（特别是战略物资）、监督外国贸易、根据法律法规要求颁发出口和进口贸易许可和证书、竞争政策的发展、起草贸易相关法律、管理知识产权、处理不正当竞争、控制商品和服务的质量及安全、管理和推行贸易优惠政策、颁发原产地证书、管理商业注册和维持商业登记处运营、发展电子商务等。

根据《关于商务部机构与职责的法令》，商务部通过国内贸易总局、国际贸易总局、进出口货物检查及反欺诈总局履行其贸易监管职能。与贸易相关的许多其他领域由相关机关负责管理，如税收和海关政策由经济财政部管理。

2. 与贸易有关的法律法规

1995 年 5 月 3 日，柬埔寨国会审议通过了《商业管理和商业登记法》，并于 1999 年 11 月 18 日进行了修正。该法律是柬埔寨规范贸易活动的主要法律，对贸易活动进行了详细定义，包括不动产买卖、租赁企业、制造企业、佣金经纪企业、交通运输企业、出版及其他服务企业、汇兑业务银行、中介服务、机构服务、协调办公室、文化服务、与公众交易、建筑企业的运营、为陆上和水上及空中交通运输而进行的船舶/车辆购买和租赁、各类保险、渔业、林业及矿业。

柬埔寨政府加入了一些国际和区域组织，例如世界贸易组织、东南亚国家联盟（东盟），签订了数个保护外国投资的主要协定，同时，柬埔寨政府还颁布了有关该领域的国内法规。柬埔寨签订的多边协定包括关于解决投资争端国际中心的1965年华盛顿公约、与贸易有关的投资措施协议、世界贸易组织协定、东盟投资区框架协议。除此之外，柬埔寨还签订了许多双边协定，以推进与其他国家的投资活动发展，这些国家包含中国、欧盟、法国、德国、马来西亚、荷兰、菲律宾、新加坡、瑞士、泰国、美国。就国内法而言，柬埔寨在商业和投资领域颁布了许多法律，例如《柬埔寨王国投资法》《柬埔寨王国投资法之修正案》《商业企业法》《民法典》《海关法》《商品服务质量安全控制法》，以及多种二级法令及部门规章。

3. 贸易管理

柬埔寨商务部负责出口审批和免税进口核准手续。在多数情况下，进口货物不需要许可证，但部分产品需要获得相关政府部门特别出口授权或许可后方可出口。

（1）外国政府给予柬埔寨的出口优惠。

欧、美、日等28个国家或地区给予作为最不发达国家的柬埔寨普惠制待遇；美国给予柬埔寨较宽松的配额和进口关税；欧盟在“除军火外所有商品倡议”下，给予柬埔寨除军火外几乎所有产品零关税的待遇。

（2）出口商品当地含量要求及原产地原则。

1）柬埔寨目前无当地含量要求，即不限制使用进口原材料、零部件（对健康、环境或社会有害的原材料、零部件除外）。

2）在柬埔寨，出口商应重视普惠制的原产地规则要求。普惠制下出口至美国的产品，原产地规则对当地含量的最低要求为35%（符合条件的东盟成员国，即柬埔寨、泰国、印尼和菲律宾，在原产地规则要求中视为同一国家）。在“除军火外所有商品倡议”下，原产地原则要求出口产品至少有40%的含量出自出口国。

（3）柬埔寨本国政府给予的出口优惠。

根据《柬埔寨王国投资法之修正案》，由柬埔寨投资委员会批准的出口型合格投资项目可享受免税期或特别折旧，出口产品增值税享受退税或贷记出口产品的原材料。

（4）出口限制。

禁止或严格限制出口的产品包括文物、麻醉品和有毒物质、原木、贵重金属、宝石、武器等。2013 年初，柬埔寨政府明令禁止红木的贸易与流通。半成品或成品木材制品、橡胶、生皮或熟皮、鱼类（生鲜、冷冻或切片）及动物活体需交纳 10%的出口税。服装出口需向商务部缴纳管理费。普惠制下服装出口至美国或欧盟的，需获得出口许可证。

（5）免税进口。

根据《柬埔寨王国投资法之修正案》，由柬埔寨投资委员会批准的出口型合格投资项目可免税进口生产设备、建筑材料、原材料和生产投入附件。为取得生产用原材料免税进口批件，进口公司应每年向柬埔寨投资委员会申报拟进口材料的数量和价值。

4. 进出口商品检验检疫

经济财政部海关与关税署、商务部进出口检验与反欺诈局联合负责进出口商品检验。检验地点为工厂或进出口港口。目前，柬埔寨全部进出口货物均接受检验，政府正计划逐年降低检验比率。价值 5000 美元或以上的进口货物，在出口国进行装运前检验。检验报告和其他装船前检验文件将被递交柬埔寨海关，货物抵达柬埔寨后，货主凭检验单据到海关缴纳税款并提取货物。

5. 进出口程序

任何商品的进出口，不管其是否享有关税免除，都需遵守下列程序：

（1）进口商和出口商必须提交一份名为单一报关单（Single Administrative Document；SAD）的申报。该申报将会进入海关数据的自动化系统，并由具有增值税证明的公司或者其代表、商品所有权人或其代表、海关当局认可的报关行对申报进行归档。相关的申报提交程序在海关网站有详细解释：http://www.customs.gov.kh/customs-declaration/。

（2）在单一报关单通过海关数据自动化系统上合法注册后，海关当局将会检查物品是否与报关一致。海关数据自动化系统将计算需要支付的税费金额，并发出一份支付通知。

（3）进出口物品将由以下机关进行检查：国际出入境、国际边境出入境、双边边境出入境、边境区域出入境和海港检查办公室（详见柬埔寨王国 2001 年 7 月 9 日颁布的第 64 号法令《有关国际出入境、国际边境出入境、边境区域出入境和海港检查办公室的决定和管理》）。这类检查办公室由代表不同部委的官员组成：出入境官员（公共工作与运输部）、移民警察（内政部）、海关官员（经济与财政部）、柬埔寨进出口检验和反欺诈总局官员（商务部）。

出入境官员主管并协调办公室内的工作。警察负责控制跨境犯罪和违反移民法的行为，并维护出入境秩序。海关官员负责确认海关申报、检查物品，以及确保符合海关程序和相关法律法规。柬埔寨进出口检验和反欺诈总局官员负责检查物品的数量、质量、安全，同时采取措施防止欺诈行为、收取检查费用。

海关当局会对相关文件进行审核，以确保进出口物品已合法申报、限制品及违禁品已根据相关法律得到合理处理、关税及其他费用已合理收取。这些文件将会被海关当局保存 10 年。

第二节　工程建设相关法律法规

一、基本法律制度

柬埔寨是大陆法系国家，具有相对健全的法律制度。

（一）宪法

柬埔寨现行宪法是 1993 年 9 月 21 日经柬埔寨制宪会议通过、西哈努克国王于同年9月24日签署生效的。1999年3月4日，国会通过宪法修正案，新宪法由原来的14章149条增至16章158条。宪法规定，柬埔寨的国体是君主立宪制，国王是国家最高元首，国会是最高权力和立法机构，参议院有权审议国会通过的法案。政府首相由赢得国会议席人数的50%+1人支持的政党候选人担任。柬埔寨实行多党制和自由市场经济，立法、行政、司法三权分立。国王是终身制国家元首、武装力量最高统帅、国家统一和永存的象征，有权宣布大赦，在首相建议并征得国会主席同意后有权解散国会。国王因故不能理政或不在国内期间由参议院主席代理国家元首职务。王位不能世袭，国王去世、退休或退位后，由首相、佛教两派僧王、参议院和国会正副主席共9人组成的王位委员会在7日内从安东、诺罗敦和西索瓦三支王族后裔中遴选产生新国王。

（二）商业法律制度

1995年5月3日，柬埔寨国会审议通过了《商业管理和商业登记法》，并于1999年11月18日进行了修正。作为管理所有商业行为的法律准则，该法对“商人”“贸易”“贸易行为”等进行了界定，并规定了包括外商在内的公司注册及商业登记程序的义务。作为柬埔寨第一部综合性公司法，《商业企业法》于2005年4月26日获得国会通过，并于2005年5月19日颁布实施。该法适用于合伙企业（普通合伙和有限合伙）、有限公司（私人有限公司和公共有限公司）以及外国公司。

（三）投资法律制度

私人投资，特别是外商投资是柬埔寨经济发展的主要动力，现行有关投资的法律法规有：1994年8月5日颁布的《柬埔寨王国投资法》；2003年3月24日颁布的《柬埔寨王国投资法之修正案》；2005年2月9日颁布的第17号《关于成立柬埔寨王国省市投资小组委员会的法令》；2005年9月27日颁布的第111号《关于柬埔寨王国投资法修正案的实施法令》；2005年12月29日颁发的第 147 号《关于柬埔寨发展委员会（CDC）的组织和职能的法令》；2005 年 12 月 29 日颁布的第 148 号《关于特别经济区设立和管理的法令》；2006 年 3 月 14 日颁布的第 28 号《关于特别经济区设立和管理的法令修正案》；与其他国家签署的双边投资保护协定。

（四）金融法律制度

柬埔寨曾经是一个单一银行系统的国家，柬埔寨国家银行通过其在各省的分行进行活动。1989 年，柬埔寨开始对银行业进行结构改革，将商业银行的职能从柬埔寨国家银行中分离出来，建立了二元银行体制，允许以有限责任公司形式成立私人商业银行。1996 年 1 月 26 日颁布的《柬埔寨国家银行组织和行为法》将国家银行改组为中央银行。之后，柬埔寨又于 1999 年 11 月 18 日颁布了《银行与金融机构法》，对银行经营活动进行更为合适的规范。

（五）税收法律制度

柬埔寨实行全国统一的税收制度，并采取属地税制。1997 年 1 月 8 日颁布的《税法》和 2003 年颁布的《税法修正法》为柬埔寨税收制度提供法律依据。1994 年 8 月 5 日颁布的《柬埔寨王国投资法》、2003 年 3 月 24 日颁布的《柬埔寨王国投资法之修正案》以及于 2005 年 9 月 27 日颁布的第 111 号《关于柬埔寨王国投资法修正案的实施法令》等组成了外商在柬埔寨投资的法律体系。

（六）劳动法律制度

柬埔寨于 1997 年 3 月 13 日颁布了《劳动法》，以取代 1992 年旧的劳动法，明确了在自由市场经济条件下雇主和工人的责任和义务的基本法律原则，同时，它表明了最终要建立劳动法庭的必要性，但迄今尚未有成立劳动法庭的计划。1997 年《劳动法》确立了一系列的相关规范，包含适用范围、雇佣机构的设立程序、劳动合同成立和终止以及集体劳动合同的法律规范。

《劳动法》项下主体的社会保障制度的法律——《社会保障法》于2002年9月25日颁布，旨在建立有关养老、残疾、死亡基金，工伤基金或其他基金。社会保障法覆盖于所有公共、半公共、私人、宗教、企业/组织的员工，包含工业、矿业、商业、手工业、服务业、农业、土地和水体运输行业。

《工会法》于2016年5月23日通过，旨在为工会和雇员组织的成立和运营、工会的权利及义务，以及工会与雇主间的集体劳动合同的谈判提供法律框架。

（七）知识产权法律制度

柬埔寨于1995年加入世界知识产权组织（WIPO）和1998年加入《巴黎公约》时，在保护知识产权方面的法律框架很薄弱。自2000年，柬埔寨政府通过了一系列法律，在柬埔寨保护知识产权的法律框架下有了相当大的进展，并稳妥地遵守了WTO义务。目前，已颁布的法律包括《商标、商号和反不正当竞争行为法》（2002年2月20日）、《著作权及邻接权法》（2003年2月13日）、《专利、实用新型和工业设计法》（2003年1月22日）等。

（八）争议解决法律制度

在柬埔寨，主要的争议解决方式有和解（包括第三方调解、调停）、仲裁和诉讼。和解是最主要、最普遍的争议解决方式，诉讼次之，仲裁起步最晚，几乎为零。柬埔寨法院系统自1979年以来经历了多次变更，2006年7月6日《民事诉讼法典》最终确立了三级法院格局，分别是一审法院（省、市法院）、上诉法院和最高法院；还有一个特殊法院——军事法庭，处理与军队犯罪有关的案件。

一般地，商业公司尽量避免通过诉讼解决争议。民事诉讼实施三审终审制，即民事诉讼案件最多可经过三级法院的审理。柬埔寨各级法院处理案件的周期比较长，再加上容易受到外界影响，诉讼实在不是优选的争议解决方式，但诉讼又具备其他争议解决方式所没有的优势，比如法院的禁令、强制性等。柬埔寨唯一的仲裁机构是“全国商事仲裁中心”（National Commercial Arbitration Centre），于 2014 年开始运作。2006 年 3 月 6 日《商事仲裁法》为全国商事仲裁中心提供了解决商事争议的程序性规则，旨在促进商事争议的公正、迅速地解决，保障各方的合法权益，并推动经济的健康发展，但目前柬埔寨国内尚无有关仲裁裁决的消息，仲裁的公正性、效率等有待观察。柬埔寨是纽约公约的成员国，外国仲裁裁决可以通过柬埔寨上诉法院承认和执行，且已有先例。不过外国仲裁能否裁决，以及多大程度上能够获得承认和执行，仍然存在不确定性。

（九）环境保护法律制度

1997 年 9 月 25 日第 57 号《关于环境部机构设置和职责的法令》颁布，柬埔寨环境保护主管部门是环境部，其主要职责是：

（1）通过防止、减少及控制污染，保护并提升环境质量和公共卫生水平；

（2）在王国政府决策前，评估项目对环境造成的影响；

（3）保障合理及有序地保护、开发、管理及使用柬埔寨自然资源；

（4）鼓励并为公众提供机会参与环境和自然资源保护；

（5）制止影响环境的行为。

柬埔寨国民议会于 1996 年 11 月 18 日通过了柬埔寨第一部《环境保护与自然资源管理法》，并颁布了一系列法令来确保该法的推行。

二、电力工程建设法律制度

（一）柬埔寨电力法律法规

《柬埔寨电力法》于 2001 年 2 月 2 日颁布，经 2007 年 6 月 22 日和 2015 年 5 月 18 日两次修订，涵盖与电力供应、服务供给、电力使用有关的一切活动，以及与电力行业相关的活动。柬埔寨电力局（Electricity Authority of Cambodia；EAC）有权许可被许可人提供多样的电力服务。在此方面，被许可人不得向他人出租、出售、留置许可证。只有经柬埔寨电力局专门许可后，被许可人方可转让或让与其许可证给他人。柬埔寨电力局还可以许可或否决或限制被许可人的以下行为：实施商业兼并或重组；重大收购或出售资产或证券；扩大被许可人的经营范围。

（二）电力投资准入制度

《柬埔寨王国投资法》第12条规定，柬埔寨政府鼓励投资的重点领域包括：创新和高科技产业；旅游业；农业和工业；基础设施及能源；各省及农村发展；环境保护；在依法设立的特别开发区投资。目前，在柬埔寨开展BOT（建设—经营—转认；build－Operate－Trasfer）项目的主要以中资企业为主，涉及行业包括水电站、输变电网等，特许经营期限没有特殊规定，水电站的特许经营期限一般是30～40年，例如，由中国水电集团投资的甘再水电站项目是柬埔寨第一个BOT项目，2006年4月开工，总投资额2.6亿美元，特许经营期为44年，其中建设期4年，运营期40年。

（三）电力许可制度

1. 电力许可证种类

（1）发电许可证。

发电许可证有权通过经认证的特定的发电设施发电。发电权是指所有、运营和管理或控制发电设施发电和售电。发电许可证的授予应符合国家电网或配电系统和连接设施安全、可信和经济有效的要求。除非购电协议为短期合同，发电许可证的有效期通常为发电设施预期的使用年限。发电许可证可以依法撤销。

（2）输电许可证。

输电许可证持证人有权提供输电服务，具体是指享有、运营和管理电力输送设施，并用于输送电力或趸售电力。输电许可证分为两种，见表3－1。

表 3-1 输电许可证的种类及相关内容

序号	种类	主要内容
1	国家输电许可证	国家输电许可证应由国家电力公司签发。国家输电许可持证人有权在柬埔寨境内提供输电服务。国家输电许可证不设固定期限，可以依法撤销
2	特别输电许可证	特别输电许可持证人有权在柬埔寨建设、享有和/或运营经认证的特别输电设施。特别输电许可证不设固定期限，或与特别输电设施使用年限相一致。特别输电许可证可以依法撤销

（3） 送电许可证。

送电许可证持证人有权控制、管理和运营送电设施，并用于从发电、输电和配电系统获得和输送电力。送电许可证应明确相关条件，以确保在安全、可信和有效的条件下进行发电、输电和配电。

电力局可以向能够提供送电服务的任何人签发送电许可证，规定如下：

① 电力系统拥有与多数重要配电地区相连接的输电线路；

② 发电、输电和配电服务相互独立；

③ 送电许可证不设固定期限，并可依法撤销。

（4） 配电许可证。

配电许可证持证人有权在划定的范围内提供配电服务。配电服务权是指依法享有的配电设施所有权、运营权、管理权或控制权。在私有地域内，占有、运营和管理或控制配电设施的不视为提供配电服务。配电许可证不设固定期限，可以依法撤销。

（5） 趸售许可证。

1）趸售许可证持证人有权向发电许可证持证人或相邻国家电力系统购电，并向配电许可证持证人或大用户售电。

2）符合政府开放趸售市场的能源政策条件的，电力局可以向任何可以提供此项服务的人签发趸售许可证。趸售市场是指生产商向多数用户售电，从而成为收取过网费的服务供应商。在趸售市场上，市场管理与输电运营已经相互独立。趸售许可证设有固定期限，并可依法撤销。

（6）零售许可证。

零售许可证持证人有权为消费者售电，每一份许可证仅适用于一个特定的服务地区。零售许可证有效期最高为5年，可以延期，并可依法撤销。

（7）分销许可证。

分销许可证持证人有权依照与其他持证人的分销协议提供电力服务。

（8）综合许可证。

综合许可证是指上述（1）～（7）类中的几种或所有许可证。综合许可证由柬埔寨电力局颁发，并对独立的系统享有发电、输电、送电、配电和向用户售电的权利。综合许可证持证人如果希望增加新发电设施，其应对希望增加的每一项新发电设施申请发电许可证。

2. 电力使用许可制度

未经电力局颁发有效许可证的，任何人不得运营电力设施或提供电力供应服务。满足电力局规定条件并履行许可证所载之义务和条件的人，电力局对其可以签发许可证。除非向消费者提供特别补贴，且持证人同意此项安排，否则不得要求持证人进行无法通过收费收回成本的电力服务。持证人应遵守许可证规定的条件、电力局制定的规定和柬埔寨法律，包括环境保护、安全、健康、税收和电力系统的标准。持证人应遵循谨慎经营、降低成本的原则利用资源并提供发电、输电、送电或配电服务。持证人应向电力局提交附带一份副本的报送工业矿产能源部的报告，内容包括：

（1）上年度持证人经营活动的年度总结报告；

（2）下年度持证人的年度工作计划；

（3）电力局认为必要或适当的其他报告、说明和信息。

发电许可证持证人应向电力局提交关于输电网和连接设施运营相关的必要报告、说明和信息。在签发许可证或恢复被暂停的许可证之前，电力局可以要求持证人提供必要的担保，包括支付许可费，以保证根据《电力法》和许可证条件正确履行电力服务义务。

除国家持证人之外，任何持证人不得持有其他持证人的股份，或与其他持证人存在直接的财务利益关系。除政府和国有全资企业外，任何人不得直接或间接拥有或控制其他持证人的股份或存在直接的财务利益关系。持证人不得将其持有的许可证向其他人租借、出售或作为留置方式进行担保。经电力局特别审批同意，持证人可以向其他人转让或出让许可证。只有政府才能向其他任何人转让国家持有或国有企业持有的许可证。

3. 电价管理制度

柬埔寨电力局应决定和审查持证人的电价、收费和服务条件。自收到持证人申请电力局决定或审查其电价之日起 90 天内，电力局应决定批准、修改或驳回申请。电力局审批电价应：

（1）反对价格垄断，保护消费者。

（2）依据商业法则，依法为持证人收回成本提高机会。

（3）根据减少服务成本的情况，通过允许增加财务汇报，保证持证人提高运营和管理效率。为持证人提高能够满足服务供应和质量的所有必要条件。

（4）通过传递电力供需市场的正确价格信号，促进电力产业经济效率，以正确反映短期和长期边际成本。

（5）考虑成本和消费者及服务方式的差异性，政府向消费者提供补贴；根据合同或经批准的服务条件，政府不对持证人授予超出许可证规定的其他任何附加权利。

三、工程承包法律制度

（一）工程采购的模式与海外竞标

1. 招投标管理规定

根据柬埔寨第 60 号《公共采购管理法令》，柬埔寨存在两种涉及公共采购的方式：公开招投标或除公开招投标外的其他方式。下面我们主要讨论公开招投标的相关规定及管理办法。

公开招投标是政府倾向的一种方式，政府可以借此找到能够提供更多包含数量、质量、保修等方面利益的投标人。根据法令第 6 条规定，存在国际竞争性招标和国内竞争性招标两种公开招投标方式。公开招标方式的选择取决于项目，如果不是那种需要大量投资和需要外国供应商的项目，政府应当选择国内竞争招标。

为保证正义、平等、公平和秩序，上述两种公开招投标方式以确定的重要程序开展，其招投标及中标程序必须与管理政府采购的相关法规和规定一致，如在每个大规模合同招投标开始前，需要对相关人员进行资格预审。

2. 招投标程序及各阶段工作内容

柬埔寨国家投资项目或国际组织贷款和援助项目，一律采用招标方式。下面是其招投标的基本程序和各阶段的主要工作。

（1）准备阶段。此阶段的主要工作有：

——设计及其费用估算；

——向银行提交设计及其费用估算，征求银行意见并获得批准；

——招标文件准备；

——向银行提交招标文件，征求意见并获得批准。

（2）资格预选阶段。此阶段的主要工作有：

——邀请参加资格预选（在报纸上刊登广告）；

——评估委员会对资格预选进行评估；

——资格预选评估报经济财政部批准；

——资格预选评估报银行批准；

——向承包商通知资格预选结果；

——确定符合资格预选条件的承包商。

（3）招标及评标阶段。此阶段的主要工作有：

——发标；

——承包商准备投标；

——开标；

——评标委员会评标；

——评标结果和授标建议报经济财政部批准；

——评标结果和授标建议报银行批准。

（4） 选择决选名单阶段。此阶段的主要工作有：

——邀请说明取费率；

——顾问或监理准备说明取费率；

——向项目执行部提交取费说明；

——评估委员会对取费率说明进行评估；

——公司决选名单报经济财政部批准；

——公司决选名单报银行批准。

（5） 方案准备阶段。此阶段的主要工作有：

——邀请决选名单中的公司提出方案；

——决选名单中的公司准备方案；

——提交方案。

（6） 技术和财务评估阶段。此阶段的主要工作有：

——评标委员会对技术方案进行评估；

——技术方案报经济财政部批准；

——技术方案报银行批准；

——请决选名单中的公司公开财务方案；

——评估委员会对财务方案进行评估；

——按技术方案和财务方案综合最高分的授标建议报经济财政部批准；

——按技术方案和财务方案综合最高分的授标建议报银行批准；

——签署合同。

（二）工程承包法律制度

1. 许可制度

原则上，工程承包合同是特殊合同，需要合同至少一方是公共事业法人；其目的是为了直接提供公共服务，所以合同需要有一些专属条款，而这些条款在普通合同中不能使用。

普通合同中一般不采用专用条款。任何一方不得违反该类专用条款。专用条款可以作为公共事业法人的特权使用。在现实中，专用条款在工程合同中是极其重要的，因为它能确保可以持续地为公众提供公共服务。这也是国家可以在任何其认为必要的时候干预合同的原因。例如，合同在政府与经营赌场的私人公司间建立。为了防止赌场可能存在的偷盗、抢劫、谋杀等行为，政府有权在任何时候终止合同。

2. 禁止领域

为了国家发展，允许投资者建设相关工程项目，但是，一些领域不允许，现在还没有相关的限制来明确这类领域的特性所以，我们列了符合允许投资者建设相关工程项目条件的领域，如果不属于所列领域，则被视为不符合条件的领域。

（1）发电、输电、配电；

（2）道路、桥梁、铁路、机场、海港、运河运输设施；

（3）水资源供应和处理；

（4）污物处理和排水系统；

（5）灌溉系统和农业相关投资；

（6）固体废弃物管理；

（7）健康、教育和体育设施；

（8）油气；

（9）通信设施。

第三节 工程建设相关政策环境

一、劳务政策

（一）基本内容

1. 劳动合同形式

根据 1997 年 3 月 13 日颁布的《劳动法》规定，无固定期限劳动合同可以采取口头或书面形式，如果采取非书面形式，劳动合同的条件则由劳动法规自动确定。固定期限合同必须以书面形式，如果采取非书面形式，劳动合同则自动转化为无固定期限劳动合同。柬埔寨的劳动合同必须由柬埔寨的法律管辖，劳动合同的条款必须符合《劳动法》的要求。与《劳动法》的强制性规定相抵触的内部规定均属无效，雇员可申请强制执行其在《劳动法》下的权利。劳动合同有效期可为无固定期限或固定期限。如果未在合同中指定，则其有效期被认定为无固定期限。

2. 工会及劳动组织

根据《劳动法》规定，雇员和工人可以自由加入工会以维护自己的利益和保障自己的权利。工人也可以自由选择不加入任何组织。为了获得法律保护，工会必须在劳动和职业培训部注册。

《工会法》于 2016 年 5 月 23 日通过，旨在为工会和雇员组织的成立、运营和工会的权利、义务提供法律框架。根据该法第 10 条规定，至少 10 个雇员或工人可以组成一个地方工会（在地方企业的设施/工厂）。在地方层面，设有几种不同的工会。地方注册工会可以组成工会联盟，但必须至少有7个以上成员。至少5个以上的工会可以组成工会联盟或工会同盟。

雇主可以组织雇主协会。根据《工会法》规定，9个企业或实体可以组成一个雇主协会，同时至少6个以上注册的雇主协会可以组成一个雇主联盟。雇员工会和雇主协会必须在劳动和职业培训部注册。合法注册将赋予工会和协会法律人格。根据《工会法》第14条规定，未经注册、延迟注册或者注册被撤销的工会和协会的活动为非法活动。

《工会法》还为工会与雇主间的集体劳动合同的谈判提供了法律框架。集体劳动合同谈判在一个企业的雇主和最具代表性的工会之间进行。满足以下标准的工会可被视为最具有代表性的工会：

（1）工会经合法注册。

（2）有平台和活动可以反映该工会向其成员提供专业、文化和教育服务。

（3）有至少占企业职工30%以上的成员（如果在该企业中只有一个工会），或者至少获得了企业30%以上职工的支持（如果该企业中存在一个以上的工会），或者被企业至少30%以上职工推选为代表。

（4）最具有代表性的工会必须经劳动和职业培训部确认。

如果在一个特定的企业中没有工会达到上述最具代表性工会的标准，这些工会仍然可以在雇主和几个工会间，或者几个雇主和几个工会间开展集体劳动合同谈判，但是，这些工会必须成立一个谈判小组，谈判小组的成员须经各自工会的授权。集体劳动合同的期限可以是固定的和不固定的。如果期限是固定的，合同期限至少在3年以上，期满后如果没有任何一方提出终止则继续延长3年。如果期限是不固定的，在一方提起劳动合同终止的诉讼后，自另一方收到起诉书之日起，合同再存续1年。

3. 薪酬

薪酬不应低于保证的最低工资标准。某些制造业已设立最低工资标准，但在其他大多数业务领域里，并未设立。《劳动法》规定，薪酬必须确保一名工人过上尊严体面的生活。雇主必须考虑工人及其家庭必需的生活费用和社会保障津贴，并使其达到与其他社会群体的生活水准相当的水平。薪酬须在工作场所或在雇主的办公室（如果就在附近）以现金支付给工人，除非工人同意以其他方式支付。

4. 工作时间

正常的工作时间不应超过每天 8h 或每周 48h。加班只允许用于特殊和紧迫的工作，且需要获得劳动检查员的事先许可。此外，加班须征得雇员的事先同意。加班工资应为正常工资的 150%，在夜间或每周休息日加班的，加班工资为正常工资的 200%。根据工作计划需要进行轮班的，正常情况下，企业仅可以安排两班，即早班和下午班。夜间（指包含 22 点至凌晨 5 点，且至少连续 11h 的一段时间）工作需要按照上述加班工资标准支付。

5. 工作条件

在柬埔寨，工作条件受《劳动法》等各种法律管辖。《劳动法》所管辖的各项实务中包括禁止聘用 15 岁以下的童工，限制聘用 15 岁以上童工，防止性骚扰和性虐待，并确保职业安全和卫生。此外，根据柬埔寨法律，工人有权获得一定的福利。虽然《劳动法》并未就病假做出任何规定，但要求雇主按以下数额向病假员工发放工资：病假期间的第一个月，发放 100%的薪酬，第二和第三个月发放 60%的薪酬。孕产员工有权享受 90 天的产假，并在产假期间获得 50%的薪酬。在孩子出生的第一年，母亲有权享受每天一小时的哺乳假，分为各 30min 的两个时段。

6. 裁员/解雇/劳动合同终止

（1）出现以下情况时雇主可以终止与雇员签订的劳动合同：

① 与公司清算相关。

② 作为一般裁员的一部分。

③ 当雇员实施严重的违法行为时，如：偷窃；欺诈行为；严重违反纪律、安全和卫生条例；威胁、辱骂或殴打其雇主或其他工作人员；煽动其他工人犯下严重的违法行为；在营业场所进行鼓动性宣传或示威。

④ 雇员的其他不当行为。

⑤ 雇员患有慢性疾病、精神错乱或永久残疾。

⑥ 雇员被收监关押。

（2）终止劳动合同须符合下列程序要求：

① 雇主必须事先通知雇员。如需提前解雇雇员，雇主须支付额外的补偿以代替通知。

② 欲终止固定期限达 6 至 12 个月的合同的，须至少提前 10 天通知。欲终止固定期限达 12 个月以上的合同的，须至少提前 15 天通知。

③ 少于 6 个月的无固定期限合同可以提前 7 天通知予以终止。6 个月至 2 年的无固定期限合同可以提前 15 天通知予以终止。2 年至 5 年的无固定期限合同可以提前一个月通知予以终止。5 年至 10 年的无固定期限合同可以提前 2 个月通知予以终止。10 年以上的无固定期限合同可以提前 3 个月通知予以终止。如因为严重违法行为而终止劳动合同，无须进行提前通知。

④ 对于固定期限合同，雇主须向被解雇的雇员支付遣散费，其金额等于整个合同期间所支付的工资的 5%；对于 6 个月至 1 年的无固定期限合同，遣散费金额等于 7 天的工资；对于 1 年或以上的无固定期限合同，遣散费金额等于 15 天的工资。

7. 外籍员工的雇佣

外国工人可以在柬埔寨境内工作，但劳动和职业培训部需要根据柬埔寨工人数量来设定对于外国工人的配额。

根据劳动和职业培训部于 2014 年 8 月 20 日颁布的第 196 号《关于雇佣外籍员工法令》，外籍员工仅在柬埔寨国内工人无法满足企业需求时雇佣。外籍员工必须具备柬埔寨国内员工所缺乏的专业知识、技术和职业资质。雇佣上述国外员工的雇主必须获得劳动和职业培训部的预先授权。雇佣的外籍员工不得超过企业全体员工的10%。外籍员工的30%可被雇佣为职员，60%可被雇佣为专业技术工人，10%可被雇佣为无专业技术工人。如果企业希望雇佣超过10%的外籍员工，应向劳动和职业培训部提出合理理由。

企业必须在每年11月向劳动和职业培训部提交申请，以获得下一年雇佣外籍员工的批准。该申请需要详细书面柬埔寨员工的数量和下一年雇佣外籍员工的数量。

根据《劳动法》第261条规定，外籍员工需要获取劳动和职业培训部颁发的工作许可证和工作证。工作许可证的期限为1年，可以根据雇员允许在柬埔寨境内的停留时间延长。

2014年8月20日第195号《关于外国人工作许可证和工作证法令》对工作许可证和工作证申请进行了规定。需要雇佣外籍员工的企业应代表其雇员申请签发工作许可证和工作证，并提交以下材料：

① 贴有印花税票的申请；

② 四张员工照片（3cm×4cm）；

③ 一张说明现有柬埔寨员工和外国员工数量的表格；

④ 员工护照复印件；

⑤ 劳动合同复印件；

⑥ 员工国籍国提供的认可其身体状况的证明（必须在6个月内签发）。

已经入境柬埔寨但尚未取得工作许可证的员工可以向劳动和职业培训部申请并获得该许可。为延长工作许可证和工作证期限，企业必须提交延长工作许可证和工作证期限的申请书，并缴纳100美元的税费及服务费。

8. 劳动纠纷的处理

劳动纠纷分为两类：个人劳动纠纷和集体劳动纠纷。个人劳动纠纷发生于个体劳动者及雇主之间，涉及劳动合同的解释及履行、集体劳动合同的条款或其他法律。集体劳动纠纷发生于相当数量的劳动者和雇主之间，涉及工作环境、工人及其雇主组织的权利、可能引起劳资双方间关系纠纷及运营纠纷，甚至是损害社会安定的事件。

解决个人劳动纠纷与集体劳动纠纷的程序不同：

① 在个人劳动纠纷中，雇员或雇主必须将纠纷提交至企业所在地的省级或市政当局的劳动监察站。如果劳动监察员不能解决，则一方可将争议提交至法院。现在，劳动法庭尚未建立，所以省内初级法庭对劳动纠纷具有管辖权。

② 集体劳动合同可以约定劳动争议解决程序。如果没有这样的约定，一方可将争议提交至省级或市政当局的劳动监察站。如果双方没有提交争议，但监察员意识到该争议，则其可以主动介入调解争议。如果劳动监察员的调解失败，则其根据法律必须将争议提交仲裁。仲裁委员会是由工人协会、雇主协会及劳动和职业培训部推选的仲裁员组成的机构。仲裁员名册中的仲裁员由工人协会清单、雇主协会清单及劳动和职业培训部清单中的人员组成。由三人组成的仲裁庭听审，其中一位由工人协会推选，一位由雇主推选，最后一位仲裁员必须是由前两位仲裁员从劳动和职业培训部清单中的人员选择。仲裁裁决必须自收到案件之日起 15 日内作出，但是在实际执行时，根据双方协议，仲裁裁决期限可以由双方约定延长。仲裁裁决仅在以下情况对双方具有约束力：如果在庭审之前双方选择接受裁决的效力，或者在裁决作出后 8 个日历日内双方没有对裁决提出异议（任一方均不需要对裁决异议说明理由）。仲裁委员会可以在双方接受调解的前提下进行调解。如果任一方对裁决提出异议，则其可以选择的下一步争议解决方式是将案件提交至初审法庭。

（二）劳务出入境管理规定

1. 护照种类

2016 年 6 月 10 日第 123 号《关于柬埔寨非移民外国人出入境及暂时停留授权程序法令》对柬埔寨出入境及暂时停留进行了规定。根据该法令，共有 10 种不同类型的签证，包括：

（1）外交签证（种类 A）；

（2）国家官员及国际组织官员赴柬埔寨执行任务签证（种类 B）；

（3）礼遇签证（种类 C）；

（4）过境签证（种类 D）；

（5）普通单次入境签证（种类 E）；

（6）商务人员长期多次入境的普通签证（种类 E1、E2 和 E3）；

（7）出身于柬埔寨同时持有外国护照人员的特殊签证（种类 K）；

（8）ACMECS 签证（种类 KHM），为伊洛瓦底江、湄南河及湄公河经济合作战略组织参与内务部旅游者设立；

（9）旅游签证（种类 T），为单次入境旅游者设立；

（10）长期多次入境旅游签证（种类 T1、T2 和 T3）。

最适宜于商务人员多次入境的签证类型是种类 E1、E2 和 E3。E1 签证的有效期为 1 年，E2 签证的有效期为 2 年，E3 签证的有效期为 3 年。持有此类签证的人员可以在柬埔寨境内停留 1 个月。延长签证会有以下对应标识：E1EX、E2EX 和 E3EX。

作为雇员、商务人员或其他希望延长柬埔寨签证的专业人员必须申请 EB 签证。那些希望延长停留时间以寻求商业机会的人、退休人员、学生、技术专家、获得 E1、E2 和 E3 签证的商人和旅游者必须申请相对应的延长签证，分别是 EP、ER、ES、ET、E1EX、E2EX、E3EX 和 TEX。EB、EP、ER 和 ES 签证可以根据签证税费延长 1 个月、3 个月、6 个月、12 个月。ET 签证（技术专家）可延长 24 个月，之后可以分三次每次延长 12 个月，再之后必须离开柬埔寨。E1EX、E2EX 和 E3EX 可以延长 1 个月、3 个月、6 个月或 12 个月。TEX 仅可延长 1 个月。

要申请延长 EB 签证，申请者必须提交商业授权书和许可税务证书或者劳动合同，或者其他能够证明其延长停留期限必要性的文件。EP 签证申请者必须提交说明其延长停留目的的文件、EP 签证申请者的公司或企业注册证书、劳动合同，如果有家庭成员随行的话，还需提供证明家庭成员关系的文件。

如果持有护照的人员可能会对国家安全造成威胁、以欺诈或伪造的方式获得护照、违反了柬埔寨的法律法规，或者已经因不法行为或重罪行为被判刑，其签证延长或暂时停留将被内务部或外国事务及国际合作部撤销。

非移民入境签证可以通过其他国家柬埔寨大使馆或领事馆申请，或在柬埔寨入境边境填写申请表格进行申请。上述申请行为需要提交护照（至少在接下来的 6 个月内有效）、一张照片（4cm×6cm）和签证申请费。入境签证也可以通过访问外国事务及国际合作部官方网站申请，网址为 https://www.evisa.gov.kh/。

2. 限制入境的外国人

根据《关于柬埔寨非移民外国人出入境及暂时停留授权程序法令》第 23 条规定，下述外国人限制其入境：

（1）持无效护照或无效通行文件的；

（2）无入境签证，除非申请人国籍国和柬埔寨之间达成了免签协议的；

（3）患有精神疾病的；

（4）被内务部名单列为禁止入境人员的；

（5）患有柬埔寨政府声明的疾病的；

（6）涉及在柬埔寨境外发生的犯罪的；

（7）没有清楚的旅游背景的；

（8）没有清楚的旅游目的的；

（9）没有支持其自身或家庭生活的经济能力，或者没有其他人资助的；

（10）被柬埔寨驱逐的；

（11）通过船只、汽车、火车或飞机潜入柬埔寨的；

（12）内务部有合理理由相信其可能会从事相关行为影响公共秩序、社会道德、国内或国际安全的。

二、利润税与工资税

（一）利润税

1. 纳税义务人

利润税适用于所有柬埔寨纳税居民。“纳税居民”的定义为：

（1）任何长期在柬埔寨居住或纳税年度（12 个月）中超过 182 天居住在柬埔寨的人士；

（2）任何在柬埔寨境内组织和经营各种商业活动和合作经营或主营地在柬埔寨的商业活动的法人。

2. 征税对象

柬埔寨纳税居民来源于国内和国外的利得收入，均为利润税的征税对象。包括：个人或公司经营任何的买卖活动时所赚得的利润和投资活动所取得的利息、租金或其他合法取得的收入。

3. 应缴纳利润税的利润

应缴纳利润税的利润是指企业因进行各种经营活动而产生的净利润，包括资产增值，企业活动、企业关闭或出售部分资产，也包括企业在进行金融投资时所产生的收益，如利息、租金和专利费等。

4. 豁免征税的收入

除了有特别注明的条款和从非直接有关业务所获得利润外，下列机构免征利润税，具体如下：

（1）柬埔寨政府和其所辖机关的收入。

（2）宗教团队、慈善事业、科学事业和教育事业组织的收入（不含作为受益组织机构人员的私人收益或个人用途的任何现金收入和资产收入）。

（3）劳工组织、商业公会、工业协会、农业协会的收入（不含作为受益组织机构会员的私人收益，或个人用途的任何收入）。

（4）非采纳真正实际纳税机制的纳税人，因售卖其自己生产的农产品或传统农产品的延伸产品所得到的收入（主要是指通过工业加工手段来改变性质的农产品）。为延长保鲜期而对农产品进行的包装不能被视作传统农产品的延伸产品。

5. 税前扣除事项

税前扣除事项见表 3-2。

表 3-2　税 前 扣 除 事 项

序号	事项	具体内容
1	允许扣除事项	第一，除下述第 2～8 项外，被允许税前扣除的事项包括纳税者在该纳税年度内用于经营活动持续发展所支付的费用或成本； 第二，支付给任何企业单位的董事或经办人员、经销人员、纳税人的家属或其他有关联人员的租金、利息、赔偿、支付款项或其他费用，有证据表明其是为履行服务所用并且是在合理的支付程度内； 第三，用以支付新房产和其他有形资产、永久改进和修缮的款项，包括建造或购置期间所产生的利息和税金，可计入有关资产账户并按照下述关于有形资产折旧的规定进行折旧，折旧费可在该纳税年度内税前扣除
2	利息开支	用于正常生产和经营所支付的贷款利息可于纳税年度内税前扣除。利息支出不能超过纳税人净利润的总和或是纳税人在该纳税年度内非利息纯收入的 50%。 这里所指的非利息纯收入是指扣除净利润后的营业收入总额，再减去允许扣除的费用和成本（不含已支付的利息）。以上所述未能被扣除的利息支出余额，可列入下一个纳税年度内继续税前扣除
3	有形资产折旧	第一，折旧备抵应采用直线折旧法或余额递减法计算。应计折旧的有形资产为用于经营且因使用或报废而失去价值的有形资产。土地不属于应折旧资产。 第二，所有的有形资产应分为四类： ① 建筑物及其基本构件，年折旧率为 5%，采用直线折旧法； ② 电脑，电子信息系统、软件和数据处理设备，年折旧率为 50%，采用余额递减法； ③ 汽车、卡车、办公家具及设备，年折旧率为 25%，采用余额递减法； ④ 其他有形资产，年折旧率为 20%，采用余额递减法

续表

序号	事项	具体内容
4	无形资产折旧	无形资产包括专利、版权、图纸、模型和特许权。上述无形资产若有一定的使用年限，其折旧计算方法可根据无形资产的使用年限，采用直线折旧法计提折旧；若使用年限无法估计，可按无形资产价值的10%计提折旧
5	自然资源的损耗	第一，所有勘探和开发成本，包括因这些成本而产生的利息，应计入自然资源的资产类项目。 第二，在纳税年度内，可以税前扣除自然资源的损耗额；损耗额的计算方法是：自然资源资产价值 × 实际生产的数量/该年预估的自然资源的可生产总量
6	慈善捐款	团体组织的慈善捐款，可以从应税利润中扣除，但不能超过捐款前应税利润的5%
7	可弥补的亏损	任何纳税年度内的亏损，可在下一个纳税年度内，从应税利润中扣除；在下一个纳税年度内的应税利润不能抵消此亏损的，尚未被抵消的亏损部分，可继续转入再下一个纳税年度再行抵消，直至第五个纳税年度止。当出现多年连续亏损时，应按上述规定对历年的亏损依次实行扣除
8	关联企业间收入与扣除的分担	若有共同业主的多家企业，无论这些企业是在柬埔寨境内或境外，其所辖税务机关应将业主的毛收入、可扣除项目或其他利益在所属的企业之间进行分配，以清楚地反映这些企业或企业业主的收入，防止逃税或避税。其中：有共同的业主是指同一纳税人拥有两家以上企业，且同时持有企业20%或以上的股权，该纳税人即为这两家以上企业的共同业主
9	不允许扣除事项	第一，任何被认为与娱乐消遣活动和招待活动或任何跟上述活动有关联的费用开支事项。 第二，个人和家庭开支，但不包括根据工资税条款已预提税款的现金或实物形式的附加福利。 第三，任何符合利润税条款规定所征收的税款，或任何符合工资税条款规定预提的税款。 第四，任何有关联人员之间的出售或交换资产所产生的直接或间接亏损。 第五，法律明确规定在经营活动中实际发生且允许税前扣除事项外的任何其他一切支出事项

6. 税率和应纳税额

（1）年度利润税。

年度利润税缴纳规定如下：

1）法人所产生利润的20%。

2）石油、天然气产品分成合同及包括木材、矿藏、黄金和宝石在内的自然资源开采产生利润的 30%。

3）《柬埔寨王国投资修正法》实施后的纳税年度，由柬埔寨国家发展理事会所批准的合格投资项目，将享有 5 年过渡时期 9%的利润税税率。

4）由柬埔寨国家发展理事会所批准的合格投资项目，可获得免税期优惠适用 0%的利润税税率。

5）非法人的自然人和松散合作经营成员将依其参与的股份比例所体现出的利润按进税率缴纳利润税。

（2）年度利润税率规定见表 3–3。年度应税利润部分税率规定见表 3–4。

表 3–3　　年度利润税率规定

序号	年度利润税率规定
1	石油、天然气产品分成合同及包括木材、矿藏、黄金和宝石在内的自然资源开采产生利润的 30%
2	《柬埔寨王国投资修正法》实施后的纳税年度，由柬埔寨国家发展理事会所批准的合格投资项目，将享有 5 年过渡时期 9%的利润税税率
3	非法人的自然人和松散合作经营成员将依其参与的股份比例所体现出的利润按进税率缴纳利润税

表 3–4　　年度应税利润部分税率规定

年度应税利润部分	税率
0 至 6 000 000 瑞尔	0%
6 000 001 瑞尔至 15 000 000 瑞尔	5%
15 000 001 瑞尔至 102 000 000 瑞尔	10%
102 000 001 瑞尔至 150 000 000 瑞尔	15%
超过 150 000 000 瑞尔	20%

（3）保险公司利润税。

从事保险业务活动，如人寿保险、再保险、财产保险或其他风险保险业务的纳税人，根据下列规定计缴利润税：

第一，在柬埔寨境内纳税年度内，所收取的保险和再保险保费总额的5%；

第二，从事其他非保险或再保险业务活动，按照上述累进税率缴纳利润税。

（4）营业外所得利润税。

柬埔寨政府和其所辖机关、宗教团队、慈善事业、科学事业和教育事业组织、劳工组织、商业公会、工业协会、农业协会以及非采纳真正实际纳税机制的纳税人的营业外所得，按照20%的税率征税。营业外所得利润税包括股息分配附加税和最低税两种。

营业外所得是指任何组织从事与主营业务无关的营业外业务活动的收入，在扣除其利润税条款中所允许扣除的开支后的所得总额。

营业外业务是指以获取利润或资金为目的的组织所从事的与主营业务实质不相关的商业或工业经营或其他业务。

① 股息分配附加税。如果企业在纳税年度内将股息分配给国内或国外的股东，则应预提并缴纳股息分配附加税，其税额等于根据利润税率总计出的股息数额乘以《税法》第20条规定的税率之积。

② 最低税。最低税是针对以真实的基础而开展税务评估的纳税人进行征收的。最低税不同于利润税，以真实的基础而开展税务评估的纳税人即使被授予投资企业的法律身份，也要缴纳最低税。最低税是按照除去所有税款外的年度营业额的1%进行征收的，在利润税年度清算时缴纳。

（二）工资税

1. 纳税义务人

任何柬埔寨自然居民无论薪金来源于国内或国外，都负有缴纳工资税的义务。任何非柬埔寨的自然居民，对来源于柬埔寨国内的薪金，应缴纳工资税。

2. 征税对象

工资税是对雇佣活动所获得的薪金按月征收的税项。薪金是指，因雇员完成雇佣活动的义务，雇主直接付给雇员的薪水、报酬、工资、花红和超时工作补偿及其他各种额外利益。

3. 雇员免缴工资税的收入

在柬埔寨，可免缴工资税的事项如下：

（1）为了雇主的利益和安排，符合下列三种情况的，所应实际发给雇员的薪金：

1）直接全权代表雇主企业利益的；

2）没有虚报增加或降低的；

3）出具已付清结算发票，抬头必须是真正接受报销人名字的。

（2）在劳工法所允许的范围内被退回的赔偿金；

（3）具有社会服务性质的活动所产生的额外报酬；

（4）提供免费或购买低于实际售卖价的制服或专业仪器；

（5）因执行任务或出差所发放的固定津贴，该固定津贴与实际报销部分不存在重复。

4. 应纳税的薪金收入

每月应纳税的薪金，由下列条件所决定：

（1）居民雇员每月的应纳税的薪金收入包括：

——源自柬埔寨境内的收入。

——源自国外的收入。

——雇主提供给雇员的预付款项，例如借贷或分期付款，在收到上述款项的当月列入应纳税的薪金收入内；雇员在归还了上述款项的当月，将此还款从应纳税薪金收入中扣除。

（2）任何居民雇员按照其实际的家庭状况，可享有下列薪金收入扣除待遇：

——拥有未成年仍须靠纳税人抚养的儿童，可从薪金纳税基数中，扣除75 000瑞尔/人。

——从事家务的雇员配偶，每月可以从应纳税的薪金收入基数中，扣除75 000瑞尔，仅限一名配偶。

（3）对于非居民的纳税人，来自柬埔寨的应纳税薪金收入。

5. 税率

属于居民的雇员，其应缴税薪金收入的适用税率取决于应纳税的薪金收入金额。雇主须为雇员代扣税款，按表3-5所示税率代扣代缴。

表3-5　　须纳税的薪金额税率表

须纳税的薪金额	税率（%）
0至500 000瑞尔	0
500 001至1 250 000瑞尔	5
1 250 001至8 500 000瑞尔	10
8 500 001至12 500 000瑞尔	15
超过12 500 000瑞尔	20

第四节　标准化管理

一、标准化机构

1995年柬埔寨签署成为国际标准化组织成员；1997年柬埔寨工业矿能部建立工业标准办公室，负责收集相关标准化问题信息，建立标准化法律法规；1999年柬埔寨成为东盟标准与质量咨询委员会成员；2001年，柬埔寨参与IEC

国家联盟计划并将成为一员；2001 年 5 月，柬埔寨工业标准 42 次法令通过内阁议会；2002 年 2 月，工业标准办公室升级更名为柬埔寨工业标准局，隶属工业矿能部；2008 年，柬埔寨工业标准局依照《柬埔寨标准法》升级为柬埔寨标准协会；自 2013 年 1 月，柬埔寨标准协会成为 ISO 通信成员。

柬埔寨的标准主管部门是柬埔寨标准协会（Institute of Standards of Cambodia；ISC）。柬埔寨标准协会是一个隶属工业矿能部，是国家标准化和交易便利化的国家标准和合格评定机构，其主要工作有四项：发展国家标准；开展合格评定；提供以上工作的培训、咨询服务和必要信息；关注认证认可。柬埔寨标准协会组织结构如图 3－2 所示。

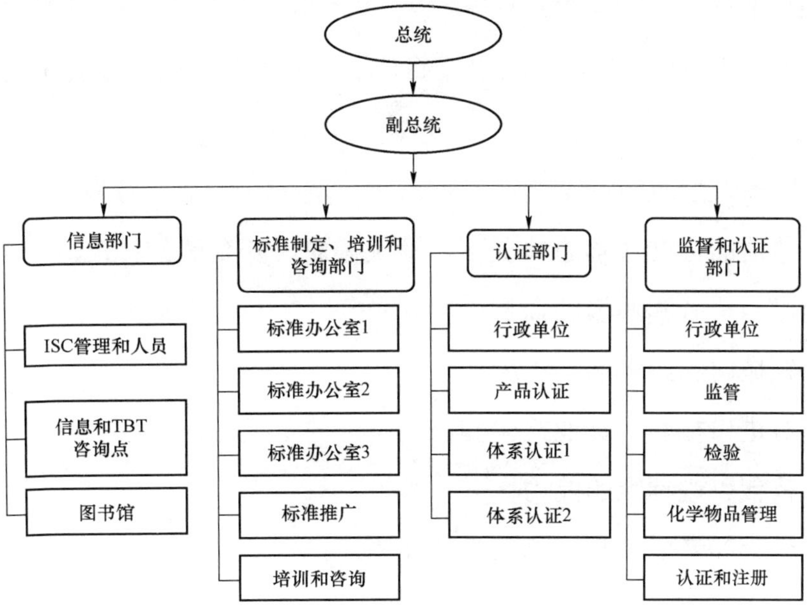

图 3－2　柬埔寨标准协会（ISC）的组织结构

二、标准制定和修订

（一）标准制定的目的

《柬埔寨标准法》是一份共同协商的文件，由工业标准技术委员会制定，工业矿能部长依照柬埔寨工业标准42次法令批准通过。

柬埔寨国家标准的制定由柬埔寨标准协会负责，其制定标准的目的是：

（1）满足行业和消费者提高产品和服务的质量和安全的需要；

（2）满足生产者和消费者的普遍需求，减少资源浪费和消除不必要的产品以获得国家经济效益；

（3）保证市场所期望的最佳产品质量水平。

标准制定的原则是共识和尽量与国际标准的一致；符合国际贸易组织（WTO）关于 TBT（Technical Barriers to Trade，技术性贸易壁垒）协议的要求。

（二）标准制定的优先考虑因素

柬埔寨标准协会认为，当制定或修订一个标准时，以下被技术人员优先考虑的因素：

（1）国家发展政策；

（2）急需的标准（紧急情况下，涉及健康、安全等的标准）；

（3）对消费者和环境的保护；

（4）领域内的经济活动程度；

（5）对进口检验、行业检验和产品认证的重要性；

（6）替代引进标准的能力；

（7）作为参考资料和检测工具的能力。

（三）标准化战略措施

柬埔寨加入世贸组织后，为更好地适应国际发展要求，参议会对标准法律修改进行讨论并提出了标准化战略措施，具体如下：

（1）改革柬埔寨工业标准机构；

（2）寻求与其他国标准组织的合作（东盟成员国、东盟对话伙伴国等），共享经验以改进柬埔寨工业标准体系；

（3）寻求来自东盟成员国、东盟对话伙伴国及其他外国援助机构的财政支援和技术援助。

（四）标准制定的程序

柬埔寨标准制定程序如图 3–3 所示，相关规定如下：

（1）草案由利益相关方和柬埔寨标准协会工作人员或确定的工作组负责准备，包括调查和收集所有相关资料，测试和分析收集的资料和所有的国际参考资料。

（2）草案必须向相关技术委员会提交讨论。

（3）讨论草案必须公示至少 60 天。

（4）如有任何意见，草案必须送回技术委员会审查以解决存在的问题。

（5）问题解决后，草案必须送至国家标准委员会进行认可。认可的标准由工业矿能部签署并发布。

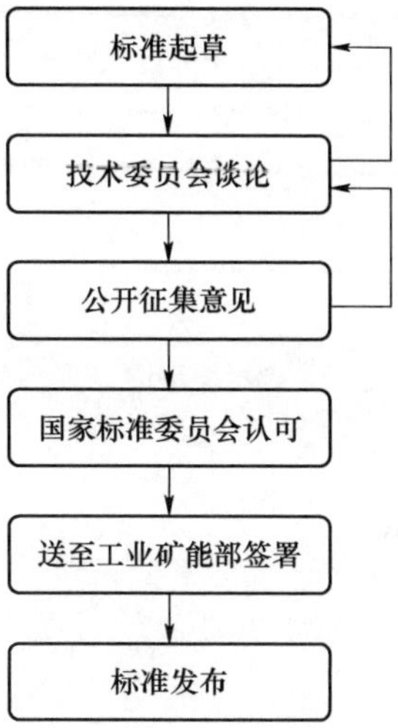

图 3–3　柬埔寨标准制定程序

（6）最后，经认证发布的标准必须编辑打印。

（五）标准制定的管理结构

国家标准委员会和柬埔寨标准协会在管理上属于同一层，其下为依照行业进行分类的六个技术委员会，委员会下面又有各自的工作组。柬埔寨标准协会下辖包括建材、化学、食品等在内的 6 个技术委员会，而国家标准委员会负责除电工设备技术委员会外的其他 5 个技术委员会。

（六）柬埔寨标准的修订

柬埔寨的标准一般要在 5 年内进行一次复审以确保更新。如果标准的需求发生变化或有修订标准的需要时，复审可在短期内进行。柬埔寨标准协会认为，当标准需要修订时优先考虑的因素有：

（1）标准与强制性法律冲突；

（2）参考或签署的国际或海外国家标准已经改变；

（3）标龄达到或超过5年。

第四章 工程计价方法

工程计价是按照法律法规及标准规范规定的程序、方法和依据，对工程项目实施建设的各个阶段的工程造价及其构成内容进行预测和估算的行为。现阶段，境外工程计价主要有两种方法，一种是定额调整法，另一种实物量法。实物量法采用实际消耗量乘以市场价，测算结果相对准确，但是现阶段国内施工企业由于管理、分包等原因，导致缺乏准确的人工、材料、机械设备消耗量数据，制约了实物量法的实际应用。目前，柬埔寨的工程计价方面的规则、规范还存在一定的欠缺与不足，整个国家目前暂时还没有统一的计价依据、相关标准和方法，在工程项目方面，工程计价方法没有统一的国家、行业或企业标准。现阶段通常都要求适用欧美标准，且欧美标准的要求普遍比中国标准高。针对同一个建设工程项目，尤其是电力工程方面，均由投资主体来进行决定计价方法和相关标准依据。本书将从中国总承包商的视角提出一套切实可行的适用于境外工程项目的计价方法。主要思路为：首先采用电力定额和国内相关规范测算该工程在国内某港口建设的工程造价；接着结合境外项目所在地人工、材料、机械设备价格水平以及政策标准差异进行调整，从而得到境外项目工程造价。本章结构如图 4－1 所示。

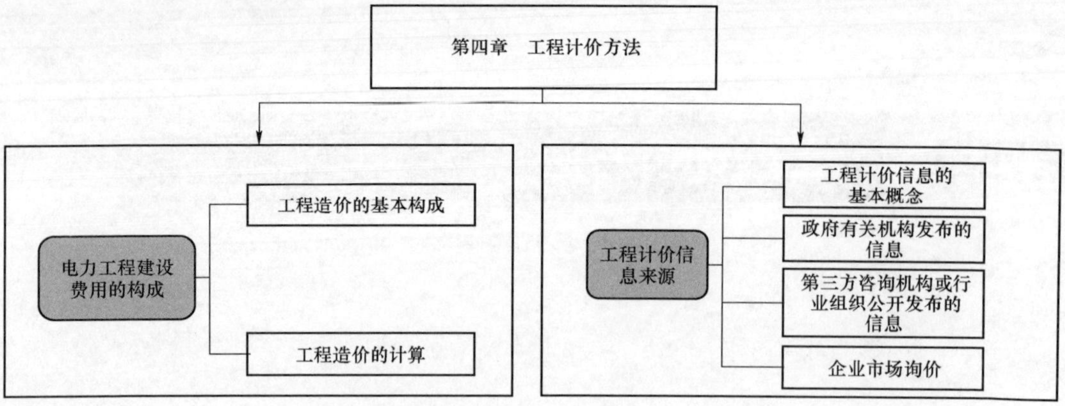

图 4-1　本章结构

第一节　电力工程建设费用的构成

一、工程造价的基本构成

柬埔寨电力工程项目费用由工程费用、其他费用、基本预备费、动态费用，以及铺底流动资金等五部分内容构成。其中，工程费用包括设备购置费、直接工程费以及其他工程费用；其他费用主要包括建设场地征用及清理费、项目建设管理费、项目建设技术服务费、整套启动试运费、生产准备费、大件运输措施费、当地安全保障费用以及当地税费；动态费用包括价差预备费、建设期贷款利息、融资费用以及出口信用保险。工程造价基本构成如图 4-2 所示。

二、工程造价的计算

（一）工程费用计算

工程费用的组成如图 4-3 所示。针对主辅生产工程、与厂址有关的单项工程项目，在进行工程计价时，宜采取或沿用国内工程计价模式，即套用国内定额或者合同。

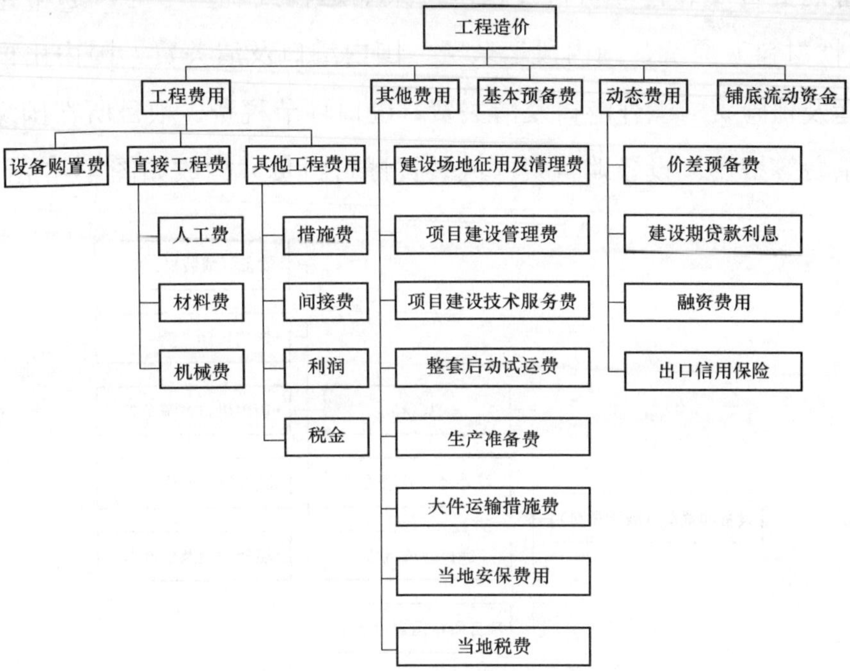

图 4－2　工程造价基本构成

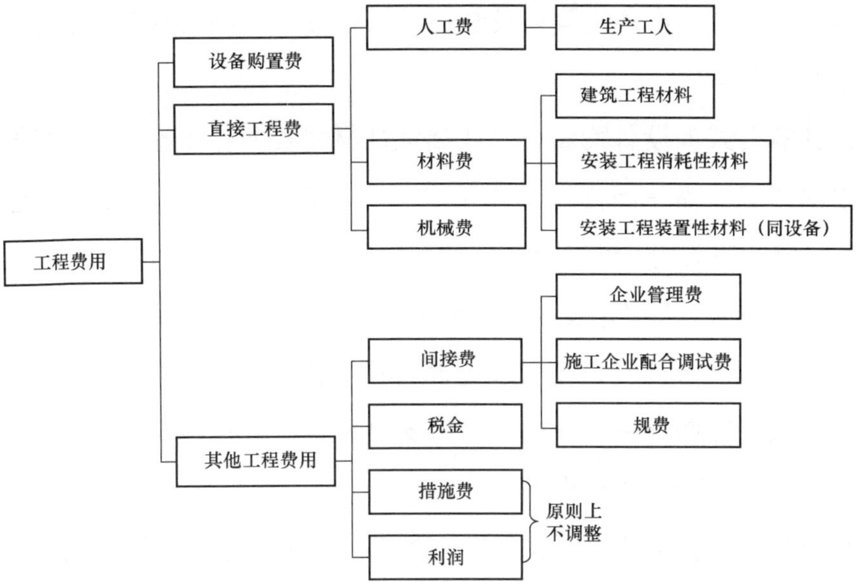

图 4－3　工程费用组成

1. 设备购置费及装置性材料费

设备购置费及装置性材料费按国内采购运输到现场考虑，通常包括设备（或装置性材料）原价、国内段运杂费、国内港口及清关费、国内出口退税、境外海运及保险费、境外港口及清关费、进口环节税费、项目所在国家（或地区）运杂费等费用。设备购置费（或装置性材料费）构成如图 4-4 所示。

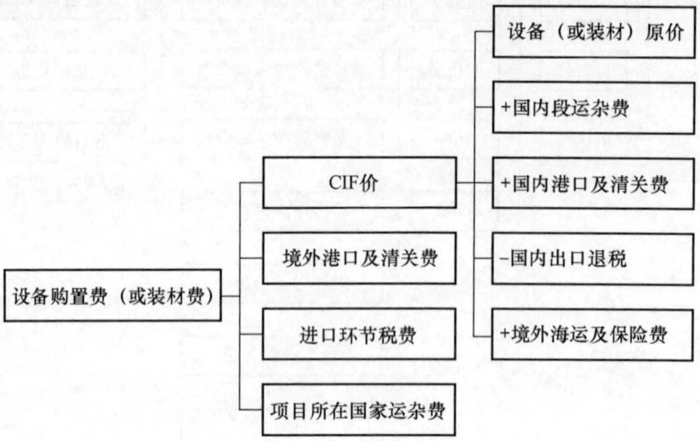

图 4-4　设备购置费（或装置性材料费）构成

已签订合同价的设备购置费及装置性材料费按合同价计列，未签订合同建议按如下办法测算。

（1）计算公式。设备购置费（或装置性材料费）= 设备（或装置性材料）原价 + 国内段运杂费 + 国内港口及清关费 + 国内出口退税 + 境外海运及保险费 + 境外港口及清关费 + 进口环节税费 + 项目所在国家（或地区）运杂费。

（2）计列方式。人民币支付设备及装置性材料在工程预（概、估）算表（人民币）仅计列国内价格（设备与装置性材料原价、相应国内段运杂费），其他金额均在编制基准期价差中计列；外币支付设备及装置性材料在工程预（概、估）算表（外币）计列全部金额。

（3）设备（或装置性材料）原价。设备与装置性材料原价为制造厂的出厂价，与国内项目相比，应包括备品备件，并考虑境外项目当地建造标准对于价格的影响。价格可按照厂家询价，或者参照限额设计、同期同类工程价格计列。备品备件如未招标，主设备（锅炉、汽轮机、发电机）按照设备费的 5%，其他设备按照设备费的 7%计列。

（4）国内段运杂费。根据拟定出口港，参照国内相关规范规定测算。

（5）国内港口及清关费。主要包括：港口包干费（港口车板接货至装船）、装船费、港建费、码头超期堆存费、订舱费、报关费、报检费、理货取单费、海关查验费、绑扎费、绑扎特殊材料费等。费用以拟出口港相关规定计算。

（6）国内出口退税。国内出口退税简称出口退税，是指根据中国出口退税制度，出口型项目对出口货物退还其在国内生产和流通环节实际缴纳的部分增值税。我国对各类出口货物执行不同的退税率，国内出口退税额计算公式如下：

国内出口退税额＝设备材料原价÷（1＋增值税税率）×出口退税税率

出口退税税率原则上应依据基准日期对应《中华人民共和国进出口税则》确定，也可按照综合税率测算。

（7）境外海运及保险费。根据拟定出口港、到达港，参照国内相关规定中进口设备国外段运费及保险费计算方法测算。

（8）进口环节税费。不同国家（或地区）针对工程项目进口设备及材料征收的税费均有不同规定，通常包括关税、消费税、增值税等，境外项目应根据项目所在国家（或地区）相关规定测算此项费用。

（9）项目所在国家（或地区）运杂费。项目所在国家（或地区）运杂费应根据拟定的运输方案，按照当地市场价格水平测算。

2. 建筑安装工程费

中国投资建设柬埔寨项目时，建筑安装工程费基于中国国内定额及取费办法进行编制（根据中国《建筑安装工程费用项目组成》（建标〔2013〕44 号文件），建筑安装工程费用项目按费用构成要素组成划分为人工费、材料费、施工机具使用费、企业管理费、利润、规费和税金。按工程造价形成顺序划分为分部分项工程费、措施项目费、其他项目费、规费和税金。其中，编制基准期价差按境外工程所在地价格水平调整；措施费、利润原则上不调整，如发生较大差异，可在编制基准期价差项下单独列项调整，并提供费用调整依据。

编制基准期价差是指概算编制基准期价格水平与编制概算所用定额等标准价格水平之间的差异。

计算公式：

编制基准期价差（安装工程）=安装及调试人工费价差+消耗性材料费价差+装置性材料费价差+安装施工机械费价差+施工企业管理人员价差+施工企业配合调试费价差+国际差旅费+规费价差调整+税金调整+其他。

编制基准期价差（建筑工程）=建筑人工费价差+建筑材料费价差+建筑施工机械费价差+施工企业管理人员价差+施工企业配合调试费价差+国际差旅费+规费价差调整+税金调整+其他。

各项价差的计算规定如下：

（1）人工费价差调整。

1）生产工人人工费价差。

生产工人包括建筑技术工、建筑普通工、安装技术工、安装普通工、调试技术工等5类，需按照如下公式分别测算五类人工费价差和人工费调整系数。

计算公式：

① 定额工日修正系数=国内同期同类工程实际生产工人工日数÷国内同期同类工程定额人工工日数。

② 中国生产工人工日数=定额工日数×定额工日修正系数×中国工人工日占比。

③ 当地生产工人工日数（外国人）=定额工日数×定额工日修正系数×当地工人工日占比×中外功效比。

其中：

中国工人工日占比=（中外用工比×中外功效比）÷（中外用工比×中外功效比+1）。

当地工人工日占比=1÷（中外用工比×中外功效比+1）。

中外用工比=中国工人数÷当地工人数。

中外功效比=中国工人功效÷当地工人功效。

生产工人价差=（中国生产工人工日数×中国生产工人人工单价+当地生产工人工日数×当地生产工人人工单价）−定额工日数×定额人工单价。

人工费调整系数=生产工人价差÷（定额工日数×定额人工单价）+1

建筑综合人工费调整系数=2 类建筑生产工人价差之和÷建筑定额人工费合计+1。

安装综合人工费调整系数=3 类安装生产工人价差之和÷安装定额人工费合计+1。

2）施工企业管理人员人工费价差。

施工企业管理人员的人工费包含在企业管理费中。企业管理费是指建筑安装施工企业为组织施工生产和经营管理所发生的费用，费用主要包括管理人员工资、办公经费、差旅交通费、固定资产使用费、工具用具使用费、劳动补贴费、工会经费、职工教育经费、财产保险费、财务费、税金等。根据管理人员人工费（包括管理人员工资、劳动补贴费、工会经费、职工教育经费）在企业管理费所占比例，结合综合人工费调整系数进行价差调整。

计算公式：

施工企业管理人员价差=企业管理费初始值×管理人员人工费所占比例×综合人工费调整系数。

其中，计算建筑工程施工企业管理人员价差时用建筑综合人工费调整系数，计算安装工程施工企业管理人员价差时用安装综合人工费调整系数。

3）施工企业配合调试费价差。

施工企业配合调试费是指在工程整套启动试运阶段，施工企业安装专业配合调试所发生的费用，按照安装技术人工费调整系数计取价差。

计算公式：

施工企业配合调试费价差=施工企业配合调试费初始值×安装技术人工费调整系数。

（2）建筑工程材料费价差调整。

建筑工程材料费国内采购部分价差按照设备及装置性材料价差调整办法测算。

建筑工程材料费国外采购部分价差可参考国内办法调整，如工程所在地价格信息不全，但已有价格信息对应材料费占比超 50%，可按已有价格信息测算材料费价差调整系数，并用于无价格信息材料费调差；如果占比低于 50%，对于无价格信息的材料可按国内购买考虑。

（3）安装工程消耗性材料费价差调整。

安装工程消耗性材料费价差按材料统计表结合工程所在地价格信息调整，如工程所在地价格信息不全，但已有价格信息对应材料费占比超 50%，可按已有价格信息测算材料费价差调整系数，并用于无价格信息材料费调差；如占比低于 50%，对于无价格信息的材料可按国内购买运输到当地考虑。

（4）安装工程装置性材料费价差调整。

安装工程装置性材料费价差按照前述设备购置费及装置性材料费测算方法得到的到厂价格与装置性材料综合价之差计列。

（5）施工机械费价差调整。

1）采购方案的比选。采购方案主要包括国内采购、当地采购、国内租赁以及当地租赁等四种采购模式。

2）机械费价差的计算。建筑安装工程施工机械费价差均参考国内建筑工程施工机械办法调整，如工程所在地价格信息不全，但已有价格信息对应机械费占比超 50%，可按已有价格信息测算机械费价差调整系数，并用于无价格信息机械费调差；如占比低于 50%，对于无价格信息的施工机械可按国内购买运到当地的价格与施工机械台班定额折旧费差额测算，国内购买运到当地的价格参考设备费计价办法。

（6）施工企业国际差旅费。

施工企业国际差旅费指施工企业生产和管理人员来往国际机票、签证，以及当地准入证的办理费。一般根据施工企业编制的人力曲线图或表进行统计。

计算公式：

施工企业国际差旅费＝Σ来往次数×（机票费＋签证费＋当地准入费）。

（7）规费价差调整。

国内编制办法中的规费是指按照中国行政主管部门或省级政府和省级有关权力部门规定必须缴纳并计入建筑安装工程造价的费用，包括社会保险费、住房公积金和危险作业意外伤害保险费。对于境外项目，中国工人应考虑国内和境外两地发生的规费，外国工人仅考虑境外当地规费，境外部分规费项目所在地标准执行。

计算公式：

规费价差＝规费初始值×中国工人工日占比＋中国工人境外规费＋外国工人境外规费。

（8）建筑安装工程（不含装置性材料）税金调整

建安工程费的税金应根据境外项目所在地相关政策进行调整。当境外项目所在国与我国签署税费互勉协议时，建筑安装工程仅计列项目所在地税金；当未签署税费互勉协议时，项目所在地和我国均需缴纳税金。

（9）其他。

境外项目建筑安装工程相比国内项目需要调整或增加的其他项目，按照当地规定执行。

（二）其他费用计算原则

其他费用的计算基于对项目的划分，按照当地情况直接进行测算，不再另外进行调差。

其他费用组成与国内相关规范基本一致，包括规定的建设场地征用及清理费、项目建设管理费、项目建设技术服务费、整套启动试运费、生产准备费、大件运输措施费，以及新增的当地安保费和当地税费。各项费用测算方法基于国内相关规范，并根据工程实际进行调整。其中，在计算项目法人管理费、设备材料监造费、项目后评价费、生产职工培训及提前进厂费等涉及国际间人员往来的费用时应考虑国际差旅费。

（三）基本预备费计算

基本预备费以建筑安装工程费、设备费购置费、其他费用的合计作为基数，按照人民币部分和外币部分乘以不同的费率得到。其中人民币部分费率可参考国内相关规范费率取定。

（四）动态费用计算

1. 价差预备费

价差预备费是指建设工程项目在建设期间由于价格等变化引起工程造价变化的预测预留费用。根据国家计委《关于加强对基本建设大中型项目概算中“价差预备费”管理有关问题的通知》（计投资〔1999〕1340 号），考虑到国内物价趋于平稳，投资价格指数按零计算，因此国内项目价差预备费为零。对于境外项目，可根据项目所在地物价上涨指数进行测算，并计列此项费用。

2. 建设期贷款利息

建设期贷款利息按照国内模式的计算方法进行计算。

建设期利息由贷款利息和融资费用两部分组成。建设期贷款利息是指项目法人筹措债务资金时，在建设期内发生并按照规定允许在投产后计入固定资产原值的利息。融资费用是指资金筹措过程中发生的相关手续费（例如融资安排费、融资承诺费等）。

3. 出口信用保险

出口信用保险主要用于为中国出口企业规避境外项目所在国家或地区的政治和商业风险，通常是境外项目在国内进行银行贷款的前提条件。我国与之对应的受理单位是中国出口信用保险公司，此项费用可按其报价计列。中国出口信用保险公司的保函是采用国内银行贷款前提。

4. 融资费用

主要指融资安排费、承诺费等。

第二节 工程计价信息来源

一、工程计价信息的基本概念

工程计价信息是一切有关工程计价的工程特征、状态及其变动的消息的组合。在工程发承包市场和工程建设过程中，工程造价总是不停地运动着、变化着，并呈现出种种不同特征。从广义上讲，所有对工程造价的计价过程起作用的资料都可以称为工程计价信息。最能体现信息动态性变化特征，并且在工程价格的市场机制中起重要作用的工程计价信息主要包括价格信息、工程造价指数和工程造价指标等三类。

工程计价信息是指工程造价管理机构发布的建设工程人工、材料、工程设备、施工机具的价格信息，以及各类工程的造价指数、指标等。大体上来看，柬埔寨的工程计价信息可分为以下三类：

（1）由政府有关机构定期发布工程计价信息，例如价格信息、价格指数以及劳动单价等；

（2）企业采取市场询价的方式获得一手数据资料；

（3）参考相关第三方咨询机构或行业组织机构发布的造价数据信息等资料。

二、政府有关机构发布的信息

柬埔寨发展理事会定期会发布人力成本数据，具体见表 4-1，涉及一般工人费用、工程师费用、中层管理人员费用，以及法定最低工资等内容供参考和选择。

表 4－1　　　　　　　　　柬埔寨人力成本数据

位置	每月中位数薪资范围（截至 2011 年 1 月）	
	美元	瑞尔
一般工人	101.00	426 500
工程师（中级）	363.00	1 540 000
中层管理人员	416.00	1 764 000
法定最低工资	55.00	222 832

数据来源：JETRO http：//www.jetro.go.jp。

三、第三方咨询机构或行业组织机构公开发布的信息

企业造价计价信息是指大多数来源于测量师行、咨询公司和一些大型的工程承包商发布的造价信息。企业通常设立专门的信息收集处理中心，负责收集、整理各种造价信息。通过分析、总结公司所承接工程实际发生的各种造价数据，积累并生成公司内部的造价信息数据库，编制近期工程造价信息和分析表，供公司内部使用，同时向社会有偿提供工程造价信息服务。这些数据来源于实际工程，同时又建立在社会公共造价信息的基础上，既客观反映企业实际状况，又贴近市场，是准确确定工程造价的重要保证。

一些较大规模的测量师行和工程承包商积累的工程造价信息有多年的历史，有力地促进了企业的可持续发展，比如凯迪思咨询公司都会收集并发布造价信息，并建立企业自身的价格信息库，这是企业投标报价的重要依据。

比如大多数测量师行、第三方咨询公司（例如，凯迪思公司 ARCADIS）和一些大型的工程承包商［例如鲍维斯林德（Bovis Lend Lease）］都会收集并发布造价信息，并建立企业自身的价格信息库，这是企业投标报价的重要依据。承包企业的信息一般是供公司内部使用，不对外公布，并作为企业的重要机密

严格保密。此外，第三方咨询机构的信息同时向社会有偿提供工程造价信息服务。这些信息大都以市场价格为基础，并贴近于工程实际，是准确确定工程造价的基础。以凯迪思公司 ARCADIS 为例，每年度会发布《建设工程造价手册（Constrcution Cost Handbook）》，侧重于亚洲主要城市的建筑工程造价以及成本概况。《建设工程造价手册（Constrcution Cost Handbook）》主要包括 5 部分：建设项目造价数据（Construction cost data）、一般建筑数据（General construction data）、物业投资（Poperty investment）、商业环境（Business environment）以及其他信息（Otherinformation）等内容。

以 Langdon＆Seah 公司为例，作为一家亚洲国际建筑咨询公司，在 13 个国家独立经营，拥有 39 个办事处，员工资源近 3000 人。Langdon＆Seah 发布的《SPON’S ASIA PACIFIC CONSTRUCTION COSTS HANDBOOK》，里面涵盖关于建筑行业（The construction industry）概况、建筑业产值（Construction output）、行业结构和特点（Characteristics and structure of the industry）、客户和财务（Clients and finance）、劳动力价格（Cost of labour）、材料价格（Cost of materials）、近似估算（Approximate estimating）、开发控制和标准（Development control and standards）以及建筑造价数据（Construction cost data）等内容。

四、企业市场询价

除了柬埔寨政府发布的官方工程造价信息以及第三方咨询机构发布的企业工程造价信息，还有其他路径获取相关工程总价信息：一是可以采取赴项目所在地进行市场询价的方式；二是聘请第三方咨询机构进行市场询价，向当地的分包企业询价，进行设备材料价格信息的获取。市场询价途径如图 4-5 所示。

市场询价的资料至少应当包含建材市场及其价格、人工日工资标准、施工台班价格、运输价格、施工用水、用电、副食品价格、汇率等模块。需要注意的是，本书未提及材料、机械以及人工消耗量的问题，究其原因：一方面，若是援外项目，中华人民共和国商务部对外经济合作局颁发了《援外成套项目概算编制办法》（征求意见稿）中规定了，编制概算时不同项目类型使用相应的系列定额，相应的系列定额有其相应的消耗量；另一方面，我国的企业在国际型项目大部分为以施工单位或者总承包单位的角色参与，因此企业内部一般有相应的完整企业定额。

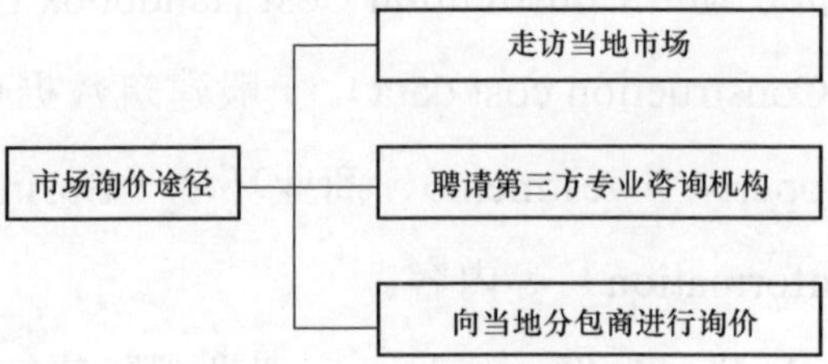

图 4–5　市场询价途径

（一）市场询价的内容

对项目所在地区范围内的材料、设备、人工、机械、各项税费等价格进行搜集和询价，具体可参考如下内容：

（1）当地已完成的工程的各类型工程、各阶段的造价数据；

（2）各类钢材的市场价格，确定是从当地采购还是中国进口；

（3）木材、水泥、混凝土、砖、瓦、灰、砂、石、模板、脚手架等市场价格，确定选用当地或中国进口；

（4）门窗、五金、装饰材料、保温材料等市场价格，确定当地或中国进口；

（5）当地的汽油、柴油等燃料价格；

（6）国际运输及当地运输的集装箱容积、载重标准、价格；

（7）当地各种材料、设备的供应能力、销售价格；

（8）近三年当地材料的增长幅度；

（9）当地物价水平；

（10）国内施工人员与当地用工人员比例，工效比；

（11）当地用工来源，各工种及专业技术人员工资等级、工资标准、平均月工作天数、全年节假日天数；

（12）当地水、电费（包括生活用水用电及施工用水用电价格）收费标准；

（13）当地二类费取费标准，包括水、电开口费等。

（14）当地币的汇率、贷款利息及近三年的变化情况；

（15）当地对建设工程保险费的收费标准。

（二）市场询价表样例

根据上述询价内容，本书制定了市场询价表，见表4-2。需要注意的是，具体的询价内容还需要结合项目基本情况。

表4-2　　　　市场询价一览表（土建类）

名称		单位	类别	价格	供货方式	产地	运费
一	人工单价						
1	当地工人单价（综合）	工日	人工费				
2	国内劳务派遣当地人工单价	工日	人工费				
3	当地工人单价（普工）	工日	人工费				
二	材料单价						
	砂石料及气体类						
1	白灰	kg	材料费				
2	白灰膏	m^3	材料费				
3	白水泥	kg	材料费				
三	钢筋型材类						
1	钢筋	t	材料费				

第五章 电力工程投资分析

本章的核心内容包括两方面：一是从对柬埔寨的投资环境与投资机会进行分析；二是对投资风险进行了识别，并提出了风险的应对策略。本章的结构如图 5-1 所示。

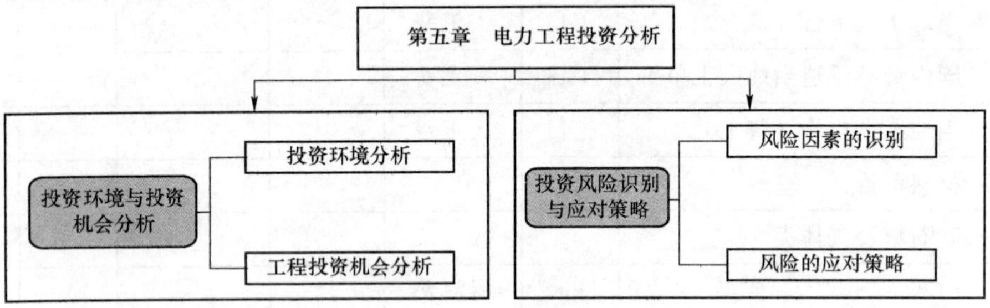

图 5-1　本章结构

第一节　投资环境与投资机会分析

一、投资环境分析

柬埔寨投资环境的主要包括以下三方面特点：

（1）实行开放的自由市场经济政策，经济活动高度自由化。

（2）美国、欧盟、日本等 28 个国家/地区给予柬埔寨的普惠制待遇

（Generalized system of preference；GSP），对于自柬埔寨进口纺织服装产品，美国给予较宽松的配额和减免征收进口关税，欧盟不设限，加拿大给予免征进口关税等优惠。但 2018 年欧盟已启动撤销对柬埔寨提供“除武器外全部免税”优惠关税待遇，并且没有设置任何期限。

（3）劳动力资源丰富，成本较低，人口红利明显。世界经济论坛《2019 年全球竞争力报告》显示，柬埔寨在全球最具竞争力的 141 个国家和地区中，排第 106 位。世界银行发布《2019 年营商环境报告》显示，柬埔寨在全球 190 个经济体中排名第 138 位。据美国传统基金会“2019 年度经济自由度指数”排名，柬埔寨居第 105 位，较上年下降了 4 位。在东南亚地区落后于马来西亚、泰国和印尼，在越南和老挝之前。

二、工程投资机会分析

目前，柬埔寨电力行业相对落后，电力发展尚处于起步阶段，电力工程投资建设潜力巨大，且柬埔寨电力资产管理和运行对外资开放的程度较高，电源项目、输电网、配电网，以及国外互联项目均有条件对外资开放，电力行业政策均朝着对投资者有利的方向发展，投资回报率可观。

大力发展基础设施建设成为柬埔寨政府的重要经济目标之一。世界银行和亚洲开发银行每年向柬埔寨提供近亿美元的优惠贷款，主要涉及技术支持、电力、供排水、道路和机场等基础设施建设，卫生、农业、减贫和教育等领域。

第二节　投资风险识别与应对策略

一、风险因素的识别

（一）政策风险

柬埔寨在经历较长时期的战乱后，目前处于国内政治局势稳定时期，人民党在柬埔寨政坛的主导地位将维持相当长时期，国内政治稳定将继续得到保持，且国内的投资法律环境尚算健全，政治风险较小。

柬埔寨实行自由市场经济体制和对外开放政策，外国直接投资为其经济发展的主要动力之一，其所有行业均对外资开放，对外资和内资基本给予同等待遇。柬埔寨在提供信用支持、税收政策和投资保护方面表现尚可，但开办企业程序较为复杂，破产回收率较低。此外，由于柬埔寨经济主要依赖外援和外资，政府在二者发生冲突时则常会重外援而轻外资，造成许多投资政策在执行过程中受外援的左右，外国投资者的权益在很多情况下无法得到有效保障。

（二）经济风险

1. 经营风险

在柬埔寨投资的经济风险主要体现在基础设施投资不足，财政赤字和通货膨胀等宏观经济运行方面。柬埔寨水、电、交通、通信等基础设施落后，目前还没有高速公路，国内交通很差，极大地增加了投资者的运输成本，柬埔寨政府也一直把基础设施作为优先发展领域。此外，柬埔寨经济高度美元化、结构单一，且严重依赖外部环境，政府财政长期赤字，依赖外部援助和债务减免，但其外债偿付压力较低。

近年来，随着中资企业投资的水电站项目陆续建成投产，柬埔寨缺电局面得到较大缓解，但由于大部分都是水电站项目，导致季节性局部电力富余（雨季）与季节性缺电（旱季）并存、局部电力富余与部分地区严重缺电并存的问题。由于柬埔寨电网容量小，全国电网尚未形成，电源端与负荷端不匹配，大部分地区缺电与局部地区电力富余两种对立问题共存。对中国在柬埔寨密集投资的水电站项目来说，发电能力形成后，由于电网影响出力受限，中资电力企业实际发电量与其签署的电力购售合同相差较大，投入与产出严重不匹配，经营面临困难。由于大部分项目是以 BOT（建设–经营–转让）项目形式进行，当时签订的协议上网电价现在看来已经偏低，故中方企业能否在规定的经营期

（30～40 年不等）内收回成本也存在风险。

2. 债务风险

自 2016 年开始，柬埔寨政府的财政赤字不断攀升。柬埔寨政府税收仅能满足经常性开支，教育、卫生等民生领域发展严重依赖外国援助或优惠贷款，持续扩大的财政赤字削弱了该国发展的独立性与可持续性。日本是柬埔寨最大的外援国，美国是其成衣业最大的出口国和外汇来源国，马来西亚、新加坡、泰国等东盟国家是柬埔寨重要的外资来源国，一旦这些国家经济不景气或者投资方向改变，柬埔寨的外资、外援及外贸出口将受到严重影响。

（三）税收风险

柬埔寨税收制度形成的时间相对来说比较短，其特点就是税种比较多，且法律法规经常发生变化，这些法律法规通常不清晰，相互矛盾，须经解释。通常，税务部门的不同分支机构会给出不同的解释。税收要经过多个税务部门不同的分支机构的审核和调查。税务人员在处理国际税收事务方面经验欠缺，处理本国经营环境以外的事务时的重新估税通常比较武断，书面回复纳税人所提问题的情况较少。

（四）社会环境风险

1. 外部环境风险

国家政局很容易受国际大环境和国内政治斗争环境影响而变得复杂和不稳定。在柬埔寨有很多非政府组织活跃，有的出于某些原因，对柬埔寨政府支持和批准的电力项目进行阻挠、拖慢甚至破坏项目建设，并组织当地民众抵制项目的正常进行，制造舆论压力，给电力企业带来了较大的困难和损失，甚至导致一些本可带给柬埔寨人民良好经济与社会效益的经贸合作项目迟迟无法启动，致使外资企业前期投入大量人力、物力和财力被冻结，也给柬埔寨发展经济增加不必要的成本。

除了非政府组织对外资企业的项目进行阻挠，在从水电站项目的建设期到运营期，部分当地民众的偷盗行为一直困扰着各投资企业，如在某水电站建设过程中出现的：面板堆石坝的铜止水被割、加油车油料被偷、输变线路的金具被盗、高压线路被砍断等事件，严重影响电站的安全建设及运行，造成很大的人身安全隐患。虽然现场采取向当地警察局报案，加大巡查围护力度，增加安全保卫力量等措施，但效果并不明显。

2. 社会治安风险

柬埔寨国内治安状态总体良好，但边界地区成为洗钱、毒品走私等跨国犯罪活动的高发地区。此外，柬埔寨工会组织力量较大，工会活动受国内法律的保护，并得到西方发达国家和在柬有关非政府组织的大力支持，部分工会还受反对党操纵，活动较为活跃，经常组织大规模罢工、游行和示威活动，甚至在背地里诱导和怂恿工人进行暴力罢工，影响企业的正常经营，给相关企业造成较严重的经济损失。

3. 医疗卫生风险

柬埔寨作为世界上最不发达国家之一，其公共基础设施严重不足，医疗教育条件简陋，不能提供有效治疗，增高了企业外派员工的风险。

（五）合同履约风险

海外工程项目中的合同对项目的执行影响最大。合同风险中存在业主的资金风险、资信度，承包商的技术风险、资金和经营风险、质量风险、工程工期风险，以及当地法律风险。这些风险所造成的最终结果就是项目的延期、扣款、索赔、法律诉讼甚至毁约。很多企业在合同签订前并未仔细针对合同条款进行分析和研判，也未对所在国法律法规政策进行针对性详细的研究，导致在项目施工过程中，未按照合同执行。业主合同签订与柬埔寨法律相抵触风险，例如，合同中约定执行中国标准，但柬埔寨法律却要求使用本国或其他国家标准，项目在实施过程中因为这些标准不同而无设计资质等问题将会造成进度推迟。

（六）法律风险

柬埔寨是大陆法系国家，但其法律体系仍在不断完善和发展之中，目前市场、经营秩序较为混乱，腐败现象屡见不鲜，法律、司法等对外资的保护不力，常常出现“无法可依”“有法不依”“执法不严”“违法不究”，甚至“钱大于法”的现象比较普遍。在经济投资方面，虽然柬埔寨政府有着各类法律对海外投资给予优惠，但时常出现法律法规中具体优惠信息不透明，例如优惠税种类、办理流程不明确等问题，因此，广大投资者迫切要求柬埔寨尽快建立商业法庭。其次是企业的代扣税较重，税法中规定的固定资产折旧最多 20 年，这些情况都会造成投资企业成本升高、税务风险大等问题。

在柬埔寨投资除了常见的政治、经济、社会、法律风险外，还存在一些其他风险，如运营管理风险、电价风险、自然灾害风险、安全风险、汇率风险、利率风险等。

二、风险的应对策略

（一）政策风险应对策略

面对政策性风险，应对柬埔寨当地进行系统的风险调查，同时从工程项目的开发阶段起制定科学的风险预警机制以及应对策略；加强和我国驻柬埔寨使馆、经商机构、商会、行业协会之间的联系，及时、准确地了解政治变化，并针对政治风险制定相应的解决方案；最后，针对可能存在的政治风险，选择引入保险机制，实现风险转移。

此外，建议积极与政府相关部门协作反映情况，特别是做好与矿产能源部、柬埔寨发展理事会、柬埔寨电力公司、经济财政部、海关的沟通，请各部门明确各类优惠政策的实施细则、办理方法。委托第三方机构，请其协助完成各类资质文件的申请和办理。

（二）经济风险应对策略

（1）在柬埔寨工程承包风险的防范应以加强经营开发管理为主，优先选取政府支持力度大、社会需求广的政府优先发展项目。

（2）提前做好债务风险预警，防止项目在实施过程中的支付拖延、项目停工等现象。

（3）深入调研项目招投标规则、适用规范、当地环境保护政策、属地化要求、当地法律法规情况，创建科学的经营开发体系，为工程项目经营开发提供准确信息，做好长期扎根市场，加强属地化经营，将市场做深做熟的准备。

（4）在投标过程中，重点控制施工组织安全和组价，同时对项目不可预测因素和风险要预估充分，做好相关预算，避免投标风险的出现。

1）做好融资币种结构设计，规避汇率剧烈变化风险。

2）在政策允许范围内，适时利用外汇远期合约交易，对冲外汇敞口风险。

3）推动柬埔寨政府和项目的合作方接受人民币计价和结算，规避汇率波动的风险。

4）对柬埔寨设备材料来源、概算基础价格、物价进行详细调研，了解当地工资、税费、汇率、清关等费用标准，在概算编制中给予充分考虑，设置合理的预备费，保证项目总投资控制在设计概算之内。

（三）税收风险应对策略

在税收风险应对方面，建议加强对柬埔寨税法体系的学习和研究，全面分析项目税负情况，聘请专业税务咨询机构对项目的投融资架构进行事先安排和设计，制定出科学、全面的税收筹划方案。配备专业税务人员，专职处理公司日常涉税业务，加强与税务机关的协调和沟通，必要时聘请专业税务咨询机构协助项目公司做好税务工作，规避税务征管及稽查风险。

（四）社会环境风险应对策略

1. 关注当地舆论与非政府组织

（1）中资企业在外投资不应忽视对当地民众的舆论宣传，而是应该积极承担社会责任，发展当地经济，改善当地民生。

（2）严格规范移民搬迁、树木砍伐、严禁徇私，办理合法手续，避免和当地人直接冲突。

（3）应该通过适当的手段让社会民众了解到项目的情况和项目建成后对社会有利的方面，让社会大众了解项目建成给普通民众带来的好处，项目取消将造成的后果，提高公司在当地的知名度，形成正面的企业形象。

（4）积极履行当地社会责任，为居民带来实质性的利益，让其体验到电站建成后对生活质量带来的提高。

（5）同非政府组织建立良好关系，主动向其透明公开项目信息，让其对项目形成客观的印象。督促政府对非政府组织加强监管，严防居心不良者背后利用非政府组织阻碍项目正常实施。

2. 尊重并融入柬埔寨文化

积极融入当地社会、尊重当地风俗文化、重视当地社区的发展，是避免引发冲突的必要手段。

首先，积极参与当地公益事业，通过参与项目所在地的公益事业，促进当地社会基础设施、教育、医疗等公共事业的发展，使社区和居民都能从中国与柬埔寨的新能源电力投资以及合作项目中切实受益。

其次，必须在项目实施前加强与当地社区和原住民的沟通协调，做好赔偿和安置工作。

此外，企业还要加强与当地主流媒体和新兴媒体的沟通和联系，做好公共公关工作，及时向他们通报本企业在履行社会责任上所做的努力和获得的成绩，利用柬埔寨发达的多媒体广告、报纸等多做宣传。通过实践和宣传，提高项目的透明度，增加柬埔寨居民的认可度以及树立中国能源企业负责任的企业形象。

（五）合同履约风险应对策略

为了预防和应对企业在柬埔寨项目投资的经营与合同风险，一是企业可以通过校企合作，提高能源专业生源的理论学习和实践操作能力；二是组织员工参加技术交流、政策法规培训和实地考察，提高从业人员的专业技能；三是采取多种形式、分期分批对现有科技人员和外向型管理人员进行有针对性的培养，重点培养一批精通外语、懂技术、会管理、熟悉国际合作、有丰富实践经验的掌握能源电力专业技术和经营管理的高端专业化人才。要充分发挥自身优势，选择专业性较强、技术要求较高的项目，也应努力尝试参与工程咨询性项目的竞争。

1. 进一步开拓市场

中国企业在承担中国政府援建柬埔寨成套项目的同时，应力争树立良好的企业形象，为扎根当地市场打下基础，增加在国际招标中的竞争优势，进一步拓展柬埔寨承包工程市场。例如，积极关注柬埔寨电力行业各类信息，电网发展动态，与周边国家电力互联项目，其他独立发电企业的情况和经验等都是十分重要的资源。保证对柬埔寨经济发展的敏感度，对国家总体发展趋势充分了解，保持对用电量大的产业，例如矿业、制造业等发展情况的持续关注。保持对柬埔寨电力、进出口、税务、投资等相关政策法规的解读更新，对政策变动做出及时反馈，为公司决策做好前期功课。

2. 开展良性竞争与合作

建立电力企业联合沟通协调机制。与其他电力企业建立联合沟通协调机制，结合市场情况，预判市场形势，争取更加公平公正的售电政策，最大化电力企业的共同利益。中国企业参与竞争和编制报价要坚持的原则是：技术上力所能及、经济上有利可图、执行项目上风险可控，切忌盲目、恶性竞争。企业之间还应进行灵活多样的合作联合开拓柬埔寨市场，尽量避免孤军奋战或自相残杀。

3. 合同签订前严格审查

在合同签订前针对合同条款进行仔细的分析研究，就合同细节做好签订前的谈判确认；对柬埔寨法律法规政策进行针对性详细的研究，避免违反当地法律规定的建设行为发生；合同中应约定好不违法两国法律的违约和争议处理问题。在合同履行过程中，保障工程进度和质量安全，严格按照合同约定执行，掌握主动权，避免业主方拒绝付款的条件产生。

（六）法律风险应对策略

1. 熟悉劳工政策

柬埔寨政府管理外国劳工的主要法律依据是1997年3月13日颁布的《劳动法》和2014年8月20日颁布的第196号《关于雇佣外籍员工法令》。

柬埔寨有关劳工政策处在不断发展变化之中，但其原则思路始终是：严格控制外劳输入，积极实施技术人才本地化战略，千方百计地解决其国内劳动力大量过剩的问题，努力寻找国外就业市场。

2. 依法用工

企业应依法用工，如雇佣中国劳工，必须符合中国商务部有关规定，通过正当、合法途径办理赴柬务工手续，禁止非法用工。

企业还需在每年11月底前向柬埔寨劳动部申请下一年度雇佣外劳的配额，未申请年度用工配额，将不被允许雇佣外劳。所雇佣的国外劳工还必须满足《劳动法》规定的所有条件。

3. 依法办理相关手续

办理工作许可证过程中，先认真了解法律法规。柬埔寨关于劳工规定是完全按照西方发达国家劳动标准制定的，要求较为严格，且很多规定和中国的规定差异较大。中国企业到柬埔寨投资合作涉及用工问题时，一定要认真阅读有关法律法规，避免出现劳资问题。

在柬埔寨办理工作许可证和工作签证的要求比较多，手续比较复杂。建议中国企业及相关人员聘请当地具有丰富经验的律师或中介机构协助办理相关手续。

4. 掌握当地税收法律制度

要防范和规避在柬埔寨投资的税收风险，首先 要全面了解柬埔寨的税收法律法规，并及时掌握发生变化的法律法规；其次，可以向当地业务能力比较强的税务中介机构寻求帮助，他们更了解当地的税收法律法规以及当地税务部门的办事做派，以更有能力防范和规避当地的税收风险。

参考文献

[1] 项继来，叶浩亮．柬埔寨水电项目投资现状分析．国际工程与劳务，2015(12)：58－60.

[2] 熊强．柬埔寨甘再水电站工程施工变更索赔工作的探讨．价值工程，2014，33（33）：104－105.

[3] 陈秀耀．柬埔寨土地管理制度研究．广西民族大学，2013.

[4] 梁薇．柬埔寨：2018 年回顾与 2019 年展望．东南亚纵横，2019(01)：29－35.

[5] 柬埔寨国家电力电网建设现状．国际工程与劳务，2016（12）：35－37.

[6] 李艳焱．柬埔寨工会发展历史和现状分析．南宁职业技术学院学报，2018，23（06）：22－24.

[7] 张英杰．柬埔寨电力发展及电力市场机会分析．中国电力企业管理，2018（28）：62－65.

[8] 严亚丽，万海龙，奚鹏．浅议柬埔寨甘再水电站 BOT 项目管理的投资控制．西北水电，2011（S2）：70－74.

[9] 刘文佳．红豆集团驻柬埔寨西哈努克港经济区税收风险分析．现代商贸工业，2018，39（25）：35－36.

[10] 卢绪平．BG 公司柬埔寨投资策略研究．西北大学，2018.

[11] 李宣儒．上建集团在柬埔寨市场的战略研究．华东理工大学，2015.

[12] 万达．柬埔寨德西水电站 BOT 项目成本控制研究．中国海洋大学，2015.

[13] 蒲晓飞．2017 年度柬埔寨承包工程市场回顾．国际工程与劳务，2018(06)：56－58.

[14] 漆东奇．柬埔寨水电项目劳务属地化管理实践．人力资源管理，2013(10)：136－137.

[15] 黄琨．柬埔寨标准化发展现状．国家标准化管理委员会．市场践行标准化——

第十一届中国标准化论坛论文集.国家标准化管理委员会:中国标准化协会,2014: 5.

[16] 贺文祎. 中国与柬埔寨的外商投资法律制度之比较. 中共广东省委党校,2018.

[17] 谢和均,张潘东. 柬埔寨社会保障制度研究. 东南亚纵横,2013(07):63-68.

[18] 梁薇. 柬埔寨:2017 年回顾与 2018 年展望. 东南亚纵横,2018(01):28-33.

[19] 周良军,高志鹏,胡军. 柬埔寨桑河二级水电站工程投资控制. 云南水力发电,2018,34(01):22-23.

[20] 李梦森,普文荣,薛凯文,等. 柬埔寨桑河二级水电站 BOT 项目管理创新与实践. 云南水力发电,2018,34(01):2-4+8.

[21] 杨东源,何军辉,李晓敏,等. 柬埔寨电力市场现状及其营销的理念和对策. 云南水力发电,2018,34(01):27-31.

[22] 王文,刘典. 柬埔寨:"一带一路"国际合作的新样板—关于柬埔寨经济与未来发展的实地调研报告. 当代世界,2018(01):29-33.

[23] 罗积满,乐建华. 柬埔寨王国电力建设与发展初探. 人民长江,2015,46(13):105-107.

[24] 潘苹. 中国企业在柬埔寨投资状况及影响因素研究. 青岛科技大学,2016.

[25] 陈利成. 柬埔寨电力产业及其规制研究. 广西民族大学,2014.

[26] 李红蕾. 中国在柬埔寨投资的现状、特点及问题研究. 暨南大学,2017.

[27] 张洁,张欢,田琼,等. 海外 EPC 工程项目风险预警管理研究——以柬埔寨钻石岛 REVIERA 项目为例. 湖南科技学院学报,2017,38(06):81-83.

[28] 刘文彬. 云南省建筑企业拓展柬埔寨工程承包市场研究报告. 云南财经大学,2017.

[29] 王维姣. 融资租赁在柬埔寨 LSS 水电项目中的运用研究. 云南财经大学,2017.

[30] 陶学兰. 柬埔寨外国投资法研究. 西南政法大学,2014.

[31] 黄璐. 云南建工集团拓展柬埔寨国际工程承包市场研究报告. 云南财经大学,2014.

[32] 杜远远，张强．南方电网助力柬埔寨电力发展．云南电业，2016（10）：25．

[33] 徐文哲．送变电企业境外工程的本土化研究．浙江工业大学，2013．

[34] 王海冰．柬埔寨金港高速公路项目税务策划对项目管理的指导意义．中国路桥工程有限责任公司柬埔寨分公司，2018．

[35] 李晨阳，翟健文，卢光盛，等．柬埔寨列国志．中国社会科学院《列国志》编辑委员会，2010．

[36] 柬埔寨指南：http://fec.mofcom.gov.cn/article/gbdqzn/

[37] 外国事务及国际合作部官方网站：https://www.evisa.gov.kh/

[38] 海关网站网址：http://www.customs.gov.kh/customs－declaration/

[39] 柬埔寨发展理事会：JETRO http://www.jetro.go.jp/

[40] 柬埔寨电力公司（EDC）．Electricite Du Cambodge Annual Report 2015 [EB/OL]. http://www.edc.com.kh/publication.php?lvl＝0&&type＝annual_report